CAROLINE PUIGGALI

Dans les pas des grands auteurs

PREFACE

Cet ouvrage est né de mon désir de continuer à fréquenter les grands écrivains, comme je l'avais fait pendant mon métier de professeur de lettres classiques. Le projet s'est concrétisé lors de mon entrée au club rhétorique du plus ancien cercle de France, le Cercle Louis XVI de Nantes.

Amenée à traiter de sujets variés, du plus grave, la guerre, aux plus légers, comme le port de la robe, j'ai choisi de ne pas m'exprimer en mon nom propre, mais de laisser la parole aux plus illustres de nos écrivains afin qu'ils nous éclairent et que s'établisse entre eux comme un dialogue.

Il s'établit ainsi, à travers les siècles, une intimité avec ces auteurs pour lesquels nous ressentons une admiration sans cesse renouvelée, tant leur pensée transcende le temps, vivante et substancielle, aujourd'hui comme hier.

Caroline Puiggali

CHAPITRE I

Y A-T-IL UNE VIE APRES LA MORT ?

L'idée de vie après la mort varie selon les religions.
Pour les Grecs de l'Antiquité, la vie aux Enfers après la mort, n'a rien d'enviable, même si l'on a la chance de se retrouver aux Champs Elysées. Car vivre à l'état d'ombre errante et être privé à jamais du soleil qui éclaire les vivants est le pire des châtiments. En témoigne un passage de l'Odyssée du divin HOMERE: Ulysse est descendu dans le royaume d'Hadès et il y rencontre l'ombre d'Achille:

Nous conversions ainsi tristement, face à face, et restions à gémir, versant des flots de larmes. Survint l'ombre d'Achille et celle de Patrocle, suivies de l'éminent Antiloque et d'Ajax, qui fut, après le fils éminent de Pélée, le plus beau, le plus grand de tous nos Danaens. L'ombre d'Achille aux pieds légers me reconnut et, parmi les sanglots, me dit ces mots ailés:

"Tu veux donc, malheureux, surpasser tes exploits! Mais comment osas-tu descendre dans l'Hadès, au séjour des défunts, fantômes insensibles des humains épuisés?"

Aussitôt, à ces mots d'Achille, je réponds: "Fils de Pélée, Achille, ô toi, le plus vaillant de tous les Achéens, c'est pour Tirésias que tu me vois ici....Mais, Achille, a-t-on vu ou verra-t-on jamais bonheur égal au tien? Jadis, quand tu vivais, nous tous guerriers d'Argos, t'honorions comme un dieu: en ces lieux, aujourd'hui, je te vois, sur les morts, exercer la puissance; pour toi, même la mort, Achille, est sans tristesse!"

Je dis; mais aussitôt, il me dit en réponse: "Oh! Ne me farde pas la mort, mon noble Ulysse!...J'aimerais mieux, valet de boeufs, vivre en service chez un pauvre fermier, qui n'aurait pas grand-chère, que régner sur ces morts, sur tout ce peuple éteint!"

Terribles regrets dans la bouche de celui qui a choisi une vie courte et illustre plutôt qu'une vie longue et obscure...

Dans <u>Guerre et Paix</u>, TOLSTOI, bien que croyant, montre la vie après la mort comme un inconnu terrifiant. Dans cet extrait, il compare l'instant où l'on passe de vie à trépas à celui où le soldat se lance à la charge contre l'ennemi.

Tout était calme; de rares cavaliers battaient encore l'espace vide qui s'étendait entre l'escadron et l'ennemi; celui-ci ne tirait plus; seuls quelques cris, quelques appels de clairon décelaient parfois sa présence. Ce silence accusait davantage encore la ligne redoutable, inac- cessible, insaisissable, qui sépare deux armées adverses. Un pas au-delà de cette ligne, semblable à celle qui sépare les vivants et

les morts, et c'est l'inconnu de la souffrance et du trépas. Et que
trouvera-t-on là-bas? Qui trouvera-t-on? Par delà ce champ, cet
arbre, ce toit qu'illumine le soleil? Chacun a peur de franchir cette
ligne et chacun pourtant le voudrait, chacun sait que tôt ou tard il
devra la franchir et connaîtra ce qu'il y a là-bas, de même qu'un
jour il lui faudra inéluctablement connaître ce qu'il y a au-delà de la
mort.

Qui croit à la vie après la mort croit à l'immortalité de l'âme.
Voici l'épitaphe qu'a écrite RONSARD pour lui-même, en
s'inspirant de l'épigraphe de l'empereur Hadrien:" Animula vagula,
blandula", petite âme errante, câline:

Amelette Ronsardelette,
 Mignonnelette, doucelette,
Très chère hôtesse de mon corps,
Tu descends là-bas faiblelette,
Pâle, maigrelette, seulette,
Dans le froid royaume des morts….

Passant, j'ai dit, suis ta fortune
Ne trouble mon repos, je dors.

Mais le grand poète trouve une vraie consolation dans l'assurance de
sa gloire terrestre, forme de vie après la mort, immortalité réservée
aux seuls génies.

Il faut laisser maisons et vergers et jardins
Vaisselles et vaisseaux que l'artisan burine,
Et chanter son obsèque en la façon du cygne,
Qui chante son trépas sur les bords méandrins.
C'est fait, j'ai dévidé le cours de mes destins,
J'ai vécu, j'ai rendu mon nom assez insigne,

Ma plume vole au ciel pour être quelque signe
Loin des appâts mondains qui trompent les plus fins.

Voilà quelques exemples de ce que l'homme a pensé, parmi les nombreuses hypothèses qu'il a imaginées au sujet de la vie après la mort: néant, vie sur un mode mineur, repos éternel à la droite du Père, résurrection des corps, métempsycose....

Cercle Louis XVI. Club rhétorique. décembre 2021

CHAPITRE II

LA ROBE A T-ELLE UN AVENIR?

Pour répondre à cette amusante question, nous nous demanderons d'abord : qu'est-ce qu'une robe?

C'est une pièce de vêtement à part en raison de sa forte connotation féminine.

Elle peut même être considérée comme une véritable métonymie de la femme. Elle distingue, dès l'en- fance, les petites filles des petits garçons, comme le raconte TOLSTOI dans Adolescence, une oeuvre de jeunesse:

Entre les petites filles et nous s'éleva également une barrière invisible; elles avaient, nous avions déjà des secrets; elles semblaient tirer fierté devant nous de leurs jupes qui allongeaient, nous...de nos pantalons à sous-pieds. Quant à Mimi, elle descendit pour le dîner le premier dimanche dans une robe somptueuse, avec des rubans dans les cheveux.

La robe est un instrument de la coquetterie féminine, une arme redoutable pour séduire les hommes. Tolstoi l'analyse avec une lucidité cruelle:

Demandez à une coquette expérimentée qui s'est donné pour tâche de séduire un homme ce qu'elle préfère risquer: être accusée de mensonge, de cruauté, et même de dévergondage en présence de l'homme qu'elle essaye de charmer ou se montrer à ses yeux dans une robe laide et mal faite; n'im- porte laquelle choisira toujours la première éventualité. Elle sait que nous ne faisons que mentir en parlant de sentiments élevés, que nous n'avons besoin que du corps et que par suite nous pardonnons toutes les vilénies, mais que nous n'avons pas d'indulgence pour un vêtement défectueux, sans goût et mauvais genre. La coquette sait cela consciemment mais la première jeune fille innocente venue sait cela inconsciemment, comme le savent les animaux.

La robe est donc un objet du désir, elle éveille la sensualité masculine; le grand écrivain russe le confesse dans le même ouvrage:

J'étais assis devant un livre et concentrais tant bien que mal mon attention sur ce que je lisais; soudain, dans le corridor, j'entendais des pas de femme, le bruissement d'une jupe...tout me sortait aussitôt de l'esprit et il ne m'était plus possible de rester en place, bien que je susse parfaitement que, hormis Gacha, la vielle femme de chambre de grand-mère, personne ne pouvait passer dans ce corridor.

Comment la robe inspiratrice d'aussi fortes passions a-t-elle bien pu disparaître presque totalement? J'y vois deux raisons.

La première est économique: une robe coûte cher à une époque où elle se porte très longue, jusqu'aux pieds, et traîne par terre, sur des trottoirs qui peuvent être boueux. Ainsi en témoigne GEORGE SAND, dans Histoire de ma vie. Pendant sa jeunesse désargentée, elle demande un jour conseil à sa mère, modeste fille d'oiseleur et épouse du petit-fils du célèbre Maréchal de Saxe: comment survivre à Paris sans beaucoup de moyens? Je cite:

Sur le pavé de Paris, j'étais comme un bateau sur la glace. Les fines chaussures craquaient en deux jours, les soques me faisaient tomber, je ne savais pas relever ma robe. J'étais crottée, fatiguée, enrhumée et je voyais chaussures et vêtements, sans compter les petits chapeaux de velours arrosés par les gouttières, s'en aller en ruine avec une rapidité effrayante....J'avais déjà fait ces remarques et des expériences avant de songer à m'établir à Paris, et j'avais posé ce problème à ma mère, qui y vivait très élégante et très aisée avec 3500 francs de rente: comment suffire à la plus modeste toilette dans cet affreux climat, à moins de vivre enfermée dans sa chambre sept jours sur huit? Elle m'avait répondu: " C'est très possible à mon âge et avec mes habitudes; mais quand j'étais jeune et que ton père manquait d'argent, il avait imaginé de m'habiller en garçon. Ma soeur en fit autant, et nous al- lions partout à pied avec nos maris, au théâtre, à toutes les places. Ce fut une économie de moitié dans nos ménages.

La seconde raison de la quasi disparition de la robe peut s'expliquer ainsi: la femme s'est aperçue qu'elle pouvait tout aussi bien séduire les hommes en pantalon et que celui-ci n'était pas moins "sexy" que la jupe.

La plus illustre victime de cette arme nouvelle me paraît être le pauvre J.J Rousseau. A l'époque, il habite à l'Ermitage, chez le duc de Montmorency et y reçoit la visite de Madame d'Houdetot, l'épouse d'un de ses meilleurs amis. Il la connaît depuis lontemps, mais, ce jour-là, elle arrive chez lui habillée en homme.

Précisément dans le même temps j'eus de Mademoiselle d'Houdetot une seconde visite imprévue. En l'absence de son mari, qui était Capitaine de Gendarmerie et de son amant qui servait aussi, ellle était venue à Eaubonne au milieu de la vallée de Montmorency où elle avait loué une assez jolie maison. Ce fut de là qu'elle vint faire à l'Hermitage une nouvelle excursion. A ce voyage elle était à cheval et en homme. Quoique je n'aime guère ces sortes de mascarades, je fus pris à l'air romanesque de celle-là, et pour cette fois ce fut de l'amour. Comme il fut le premier et l'unique en toute ma vie et que ses suites le rendront à jamais mémorable et terrible à mon souvenir, qu'il me soit permis d'entrer dans quelque détail sur cet article.

Laissons là les amours de Jean-Jacques et concluons sur l'avenir de la robe. Compte tenu de ce que nous venons de dire, nous pouvons être pessimistes. Mais gardons-nous des pronostics et finissons sur une pirouette : Aragon a écrit: *"La femme est l'avenir de l'homme."* A contrario, disons: le pantalon est l'avenir de la robe.

Cercle Louis XVI. Club rhétorique. Janvier 2022.

CHAPITRE III

VOS DESIRS SONT DES ORDRES

Ce jeu de mots met en évidence les troubles et les dangers occasionnés par les désirs. On peut en compter de trois sortes: la LIBIDO SENTIENDI (désir des sens), la LIBIDO SCIENDI (désir de connaissance) et la LIBIDO DOMINANDI (désir de pouvoir).

La Genèse, dans la BIBLE, réunit ensemble ces trois désirs en une seule tentation: Eve, tentée par Satan, devenue à son tour tentatrice, incite Adam à goûter avec elle à l'arbre de la connaissance. Dès qu'ils ont mordu la pomme, ils découvrent leur nudité, c'est à dire la sexualité, et acquièrent la connaissance qui permettra à leurs lointains descendants de devenir un jour tout-puissants, à l'égal de Dieu.

Le serpent était la plus rusée de toutes les bêtes des champs que Yahvé Dieu avait faites. Il dit à la femme: "Alors Dieu a dit: Vous ne mangerez d'aucun arbre du jardin." La femme dit au serpent: "Nous pouvons manger du fruit des arbres du jardin, mais du fruit de l'arbre qui est au milieu du jardin, Dieu dit: Vous n'en mangerez pas et vous n'y toucherez pas; sinon, vous mourrez." Le serpent dit à la femme: "Pas du tout! Vous ne mourrez pas; mais Dieu sait que le jour où vous en mangerez, vos yeux se dessilleront et vous serez comme des dieux, connaissant le bien et le mal." La femme vit que l'arbre était bon à manger, qu'il était agréable aux yeux, et qu'il était, cet arbre, désirable pour acquérir l'intelligence. Elle prit de son fruit et mangea, elle en donna aussi à son mari qui était avec elle, et il mangea. Alors se dessillèrent leurs yeux, à tous deux, et ils connurent qu'ils étaient nus; et cousant des feuilles de figuier, ils se firent des pagnes.

Mais la punition suit la faute: Dieu chasse Adam et Eve du Paradis terrestre et les hommes paieront peut-être, un jour, par leur destruction totale le désir fatal de leurs ancêtres.

On peut rapprocher le péché originel qui consiste à vouloir rivaliser avec Dieu, de ce que les Grecs appellent l' HUBRIS (excès, démesure). Ils considèrent cet orgueil comme la pire faute que les humains puissent commettre à l'encontre des dieux et y voient la cause des malheurs de l'homme, tant dans la sphère privée que publique. Car les divinités se vengent du mortel hubristique et le punissent toujours de mort.

Citons un exemple illustre de LIBIDO DOMINANDI. Xerxès, le Roi des rois, maître tout-puissant de l'Empire perse, ose fouetter la mer et enchaîner le Pont-Euxin avec un pont de bateaux pour faire passer son armée du continent asiatique en Europe. Les dieux vont causer sa perte à la bataille navale de Salamine où les Grecs, dix fois moins nombreux, coulent sa flotte. C'est ce que raconte ESCHYLE, par la voix du choeur des Perses dans la tragédie du même nom. Les vieillards restés à la maison ont le pressentiment que l'armée perse va être anéantie:

Strophe 1.
L'armée royale, renverseuse de cités, a déjà passé sur l'autre rive, franchi sur des planches liées de lin le détroit d'Hellé Athamantide, jeté le joug de sa route chevillée sur la nuque de la mer.

Antistrophe 1.
Le fougueux maître de l'Asie populeuse pousse par deux voies sur toute la terre son divin troupeau d'hommes. Il se fie à ses fiers et durs lieutenants sur terre et sur mer, lui le fils de l'or, l'homme pareil aux dieux.

Strophe 2
Quand brille dans ses yeux le regard bleu-noir du dragon sanguinaire, qu'il a de bras et de navires! Irresistible est l'armée perse, le peuple de vaillance.

Strophe 3
Mais les fourbes ruses d'un dieu, quel mortel y échappe?
Qui aurait le pied assez vif pour en sortir d'un bond?

Antistrophe 3
Caressante, l'Egareuse attire l'homme dans ses pièges,
et le mortel ne peut plus s'en évader indemne.
Les Perses, joué en 472 avant J.C

La leçon à tirer de l'hubris de Xerxès est claire: le désir de puissance et de domination impérialiste con- duit à la guerre, à la destruction et à la mort.

Voici un second exemple. Macbeth, mû par l'ambition de devenir roi d'Ecosse, comme le lui ont prédit les trois sorcières, cède à son désir criminel et s'exhorte à tuer son roi:
Etoiles, cachez vos feux! Que la lumière ne voie pas mes sombres et profonds désirs! Que mon oeil ne voie pas ma main, mais pourtant qu'elle accomplisse ce que mon oeil n'osera regarder une fois fait!

Ce régicide conduira Macbeth à la FOLIE et à la MORT.

En matière de LIBIDO SCIENDI, ou désir de connaissance, le Faust de GOETHE est le plus emblématique. Il aspire à connaître toutes les jouissances humaines, au prix de la perte de son âme.
Qu'au sein de voiles magiques et impénétrables de nouveaux miracles s'apprêtent! Précipitons-nous dans le murmure des temps, dans les vagues agitées du destin! Et qu'ensuite la douleur et la jouis- sance, le succès et l'infortune, se suivent comme ils pourront.
Ce personnage romantique avide de savoirs inconnus préfigure le sur-homme nietzschéen et " *sa volonté de puissance*".

Le DESIR AMOUREUX, quoique plus banal, s'apparente lui aussi, parfois, à un égarement, comme l'écrit FLAUBERT à propos de Madame Bovary. Celle-ci est au théâtre et tout à coup: *Une folie la saisit: il la regardait, c'est sûr! Elle eut envie de courir dans ses bras pour se réfugier en sa force, comme dans l'incarnation de l'amour même, et de lui dire, de s'écrier : " Enlève-moi, emmène-moi, partons! A toi! À toi! Toutes mes ardeurs et tous mes rêves!"* Mais la libido amandi et sentiendi de la femme adultère aboutit à la déception: son amant se lasse d'elle et l'abandonne, puis à la catastrophe finale : elle se suicide en laissant derrière elle une petite fille et un mari désespéré.

En conclusion, désir, désordre et destruction vont souvent de pair. Inversement, l'absence de désir, appelée par les Grecs ATARAXIE, est, chez les Epicuriens, source de sagesse et de bonheur.

Cercle Louis XVI. Club rhétorique. février 2022

CHAPITRE IV

LA DISCUSSION VAUT-ELLE L'ACTION ?

Cette question pose le problème du langage. Et qui mieux qu'ESOPE a expliqué le rôle et l'AMBIVALENCE DU LANGAGE ? Cet inventeur de fables bien connu, esclave d'un certain Xanthus, qui vivait au VI ème siècle avant notre ère, en fit à son maître la démonstration en actes, comme nous le raconte JEAN DE LA FONTAINE dans La vie d'Esope:

Un certain jour de marché, Xanthus, qui avait dessein de régaler quelques-uns de ses amis, lui commanda d'acheter ce qu'il y avait de meilleur, et rien autre chose. Il n'acheta donc que des langues, lesquelles il fit accommoder à toutes les sauces: l'entrée, le second, l'entremets, tout ne fut que langues. Les conviés louèrent d'abord le choix de ce mets; à la fin, ils s'en dégoûtèrent. Ne t'ai-je pas commandé, dit Xanthus, d'acheter ce qu'il y avait de meilleur? Eh!

qu'y a-t-il de meilleur que la langue, reprit Esope. C'est le lien de la vie civile, la clef des sciences, l'organe de la vérité et de la raison: par elle on bâtit les villes et on les police; on instruit, on persuade, on règne dans les assemblées, on s'acquitte du premier de tous les devoirs, qui est de louer les dieux. Eh bien! dit Xanthus (qui prétendait l'attraper), achète-moi demain ce qui est de pire: ces mêmes personnes viendront chez moi; et je veux diversifier.

Le lendemain, Esope ne fit encore servir que le même mets, disant que la langue est la pire chose qui soit au monde: c'est la mère de tous les débats, la nourrice des procès, la source des divisions et des guerres. Si on dit qu'elle est l'organe de la vérité, c'est aussi celui de l'erreur, et, qui pis est, de la calomnie. Par elle, on détruit les villes, on persuade les méchantes choses. Si, d'un côté, elle loue les dieux, de l'autre elle profère les blasphèmes contre leur puissance.

Aujourd'hui, les linguistes disent que le langage a également a une VALEUR PERFORMATIVE, c'est-à-dire qu'il équivaut à une action. Ainsi le Verbe divin est action : " Fiat lux !": "Que la lumière soit ! et la lumière fut."

Chez RACINE, on trouve des impératifs qui, prononcés par des femmes puissantes et jalouses, tuent. Par exemple, dans Bajazet Acte v scène 4, la sultane Roxane aime le jeune frère de son mari et lui demande de répondre à son amour.

Roxane: *Laissons ces vains discours. Et sans m'importuner,*
       Pour le dernière fois veux-tu vivre et régner?
       J'ai l'ordre d'Amurat, et je puis t'y soustraire.
       Mais tu n'as qu'un moment: parle.

Bajazet: *Que faut-il faire?*

Roxane: *Ma rivale est ici. Suis-moi sans différer.*
Dans les mains des muets viens la voir expirer,
Et libre d'un amour à ta gloire funeste,
Viens m'engager ta foi; le temps fera le reste.
Ta grâce est à ce prix, si tu veux l'obtenir.

Bajazet: *Je ne l'accepterais que pour vous en punir,*
Que pour faire éclater aux yeux de tout l'Empire
L'horreur et le mépris que cette offre m'inspire...
"*Sortez*" conclut Roxane. Ce mot est l'équivalent d'un crime.
Bajazet va mourir. Des sbires l'attendent derrière la porte pour
l'étrangler.
SARTRE dira en plus tard: *Parler, c'est agir.*

A l'opposé, Lorenzaccio, dans la pièce de MUSSET, dénonce la
vanité du langage, en particulier en politique. Il reproche ainsi à
Philippe Strozzi, chef de file des Républicains, de n'être qu'un beau
parleur, incapable d'agir pour libérer Florence de la tyrannie du duc
Alexandre de Médicis.

Si tu honores en moi quelque chose, toi qui me parles, c'est mon
meurtre que tu honores, peut-être justement parce que tu ne le ferais
pas. Voilà assez longtemps, vois-tu, que les républicains me cou-
vrent de boue et d'infamie; voilà assez longtemps que les oreilles me
tintent, et que l'exécration des hommes empoisonne le pain que je
mâche; j'en ai assez d'entendre brailler en plein vent le

BAVARDAGE HUMAIN; il faut que le monde sache un peu qui je suis et qui il est. Dieu merci! C'est peut-être demain que je tue Alexandre; dans deux jours j'aurai fini. Ceux qui tournent autour de moi avec des yeux louches, comme autour d'une curiosité monstrueuse apportée d'Amérique, pourront satisfaire leur gosier et vider leur sac à paroles. Que les hommes me comprennent ou non, qu'ils agissent ou n'agissent pas, j'aurai dit tout ce que j'ai à dire; je leur ferai tailler leur plume, si je ne leur fais pas nettoyer leurs piques, et l'humanité gardera sur sa joue le soufflet de mon épée marqué en traits de sang.

Avant lui, Hamlet dit la même chose à Polonius : "Words!Words! Words!" Les discours ne suffisent plus, il faut passer à l'acte, venger son père et tuer son oncle.

Aujourd'hui, Greta Thunberg parle du "bla-bla-bla" des dirigeants politiques en matière d'écologie. Le mot sert à faire croire à la chose, il dissimule une impuissance ou une volonté de ne rien faire. Il est hypocrisie ou, pire, mensonge cynique.

En littérature, le langage, a une FONCTION MIMETIQUE: il mime l'action. Et son pouvoir est particulièrement évocateur dans la poésie épique. Citons en exemple le récit de la bataille du Cid contre les Maures, chez CORNEILLE:

Sous moi donc cette troupe s'avance,
Et porte sur le front une mâle assurance.
Nous partîmes cinq cents; mais par un prompt renfort
Nous nous vîmes trois mille en arrivant au port.

Cette obscure clarté qui tombe des étoiles
Enfin avec le flux nous fait voir trente voiles;
L'onde s'enfle dessous, et d'un commun effort
Les Mores et la mer montent jusques au port.
Ils abordent sans peur, ils ancrent, ils descendent,
Et courent se livrer aux mains qui les attendent.
Nous nous levons alors, et tous en même temps
Poussons jusques au ciel mille cris éclatants.
Nous les pressons sur l'eau, nous les pressons sur terre,
Et nous faisons courir des ruisseaux de leur sang,
Avant qu'aucun résiste ou reprenne son rang.

La chose est sanglante mais le verbe est beau. Il sublime si bien le réel qu'il fait admirer l'horreur de la guerre.

En guise de conclusion, écoutons VICTOR HUGO qui donne à la nature une âme et un langage:

Tout parle, l'air qui passe et l'alcyon qui vogue,
Le brin d'herbe, la fleur, le germe, l'élément.
T'imaginais-tu donc l'univers autrement?
Crois-tu que Dieu, par qui la forme sort du nombre,
Aurait fait à jamais sonner la forêt sombre,
L'orage, le torrent roulant de noirs limons,
Le rocher dans les flots, la bête dans les monts,
La mouche,le buisson, la ronce où croît la mûre,
Et qu'il n'aurait rien mis dans l'éternel murmure?

Crois-tu que l'eau du fleuve et les arbres des bois,
S'ils n'avaient rien à dire, élèveraient la voix?
Prends-tu le vent des mers pour un joueur de flûte?
Crois-tu que l'océan, qui se gonfle et qui lutte,
Serait content d'ouvrir sa gueule jour et nuit
Pour souffler dans le vide une vapeur de bruit,
Et qu'il voudrait rugir, sous l'ouragan qui vole,
Si son rugissement n'était une parole?
"Ce que dit la bouche d'ombre" "Au bord de l'infini",

<u>*Les Contemplations*</u>

Cercle Louis XVI. Club rhétorique. mars 2022

CHAPITRE V

LES TRADITIONS DOIVENT-ELLES EVOLUER POUR SURVIVRE?

Je répondrai à cette question en faisant référence d'abord à mon expérience professionnelle. Mon métier, l'enseignement du latin et du grec, éminemment traditionnel, a été contraint d'évoluer. Mais il a été réformé de manière si peu appropriée et démagogique que les professeurs n'ont pu sauver la culture classique qui avait nourri pendant des siècles grands écrivains et petits écoliers. Ainsi l'enseignement des langues dites mortes est également mort. Sous la pression aussi, il faut le dire pour être honnête, de l'écart grandissant entre ces études nobles mais difficiles et les centres d'intérêt de la jeunesse d'aujourd'hui, plus friante des mangas que des comédies d'Aristophane.

Les traditions doivent-elles évoluer pour survivre ?

Le verbe "devoir" fait problème. La question ne peut se poser en ces termes selon CHATEAUBRIAND. Pourquoi?

Cet esprit qui passe pour réactionnaire, défenseur du trône et de l'autel, est imprégné de culture et de philosophie antiques. Il connaît les fameuses formules d'Héraclite : "Panta reï", tout coule. "On ne se baigne jamais deux fois dans le même fleuve." Tout ce qui est humain est mortel, voué à la destruction car inscrit dans le temps. Donc, puisqu'il est impossible d'arrêter le cours du temps, il faut accepter le changement. Je cite le vicomte:

Tout change, tout se détruit, tout passe. On doit, pour bien servir sa patrie, se soumettre aux révolutions que les siècles amènent; et, pour être l'homme de son pays, il faut être l'homme de son temps." "La société ne peut se soutenir qu'en s'appuyant sur l'autel, mais les ornements de l'autel doivent changer selon les siècles, et en raison des progrès de l'esprit humain.*

Chateaubriand va plus loin encore, il adopte une position progressiste qu'il justifie par un argument très inattendu, paradoxal même, destiné, en tout cas, à séduire un auditoire catholique attaché aux traditions:

Ainsi, la transformation, amenée par l'âge du monde, aura lieu. Tout est calculé dans ce dessein: rien n'est possible maintenant hors la mort naturelle de la société, d'où sortira la renaissance. C'est impiété de lutter contre l'ange de Dieu, de croire que nous arrêterons la Providence.

Et il croit que les civilisations obéissent à des cycles: *La société moderne a mis dix siècles à se composer, maintenant elle se décompose...Ce monde décroissant ne reprendra de force que quand il aura atteint le dernier degré; alors il commencera à remonter vers une nouvelle vie.*

GEORGE SAND s'intéresse, elle aussi, à l'évolution des traditions, cette fois, dans le domaine du féminisme. Et, contrairement à ce qu'on pourrait attendre d'une femme féministe dans son comportement, elle affiche une opinion plutôt modérée. Elle note qu'un changement aussi important que le droit de vote des femmes et leur accès à la politique ne peut se faire que dans le cadre d'une modification plus globale de la société. Voici ce qu'elle dit: *Il y a autant de danger à vouloir faire marcher une nation trop rapidement dans la voie du progrès qu'à vouloir l'arrêter.*

Les femmes pourront-elles, un jour accéder à la vie politique? Non, je ne le crois pas, et pour que la condition des femmes soit ainsi transformée, il faut que la société soit transformée radicalement. La femme étant sous la tutelle et dans la dépendance de l'homme par le mariage, il est absolument impossible qu'elle présente des garanties d'indépendance politique, à moins de briser individuellement et au mépris des lois et des moeurs cette tutelle que les moeurs et les lois consacrent.

Mais qu'est-ce que la tradition?

MONTAIGNE, au XVI ème siècle, ne s'est pas contenté d'en donner une définition. Il en propose une critique relativiste. La tradition s'inscrit nécessairement dans un lieu: la famille, la région, la patrie. Ce faisant, elle est particulière et historique et ne peut donc être ni naturelle ni universelle et n'a donc aucune vocation à se poser en modèle pour d'autres. Je cite:

Chacun vénère intérieurement les opinions et les moeurs reçues et acceptées autour de lui, et il ne peut s'en détacher sans remords, ni s'y appliquer sans les approuver....Le principal effet de la tradition, c'est qu'elle nous saisit et nous enserre de telle façon que nous avons toutes les peines du monde à nous en dégager et à rentrer en nous-mêmes pour réfléchir et discuter ce qu'elle nous impose. En fait, parce que nous les absorbons avec notre lait à la naissance, et que le monde se présente à nous sous cet aspect la première fois que nous le voyons, il semble que nous soyons faits pour voir les choses commme cela. Et les opinions courantes que nous trouvons en vigueur autour de nous, infusées en notre esprit par la semence de nos pères, nous semblent de ce fait naturelles et universelles Il résulte de tout cela que ce qui est en dehors des limites de la coutume, on croit que c'est en dehors des limites de la raison.

Au siècle suivant, PASCAL dira la même chose :
Plaisante justice qu'une rivière borne! Vérité au -deçà des Pyrénées, erreur au-delà.

Le respect de la tradition manifeste notre attachement au passé; la tradition est constitutive de notre identité. C'est pourquoi nous voulons la défendre et c'est pourquoi la disparition de notre patrimoine, en particulier architectural, cette tradition inscrite dans la pierre, nous blesse-t-elle tant. Voici ce qu'écrit Victor HUGO à une époque qui fait penser à la nôtre:

Chaque jour quelque vieux souvenir de la France s'en va avec la pierre sur la quelle il était écrit. Chaque jour nous brisons quelque lettre du vénérable livre de la tradition. ...La liste des démolitions est inépuisable: C'est un maire qui déplace un peulven pour marquer la limite du champ communal; c'est un évêque qui ratisse et badigeonne sa cathédrale; c'est un préfet qui jette bas une abbaye du XIV ème siècle pour démasquer les fenêtres de son salon...Le vandalisme est fêté, applaudi, encouragé, admiré, caressé, protégé, consulté, subventionné, défrayé, naturalisé .Le vandalisme est entrepreneur de travaux pour le compte du gouvernement. On ne restaure plus, on ne gâte plus, on n'enlaidit plus un bâtiment, on le jette bas. Et l'on a de bonnes raisons pour cela. Une église, c'est le fanatisme; un donjon, c'est la féodalité. ...On fait des lois sur tout, pour tout, contre tout, à propos de tout. Et une loi pour les monuments, une loi pour les souvenirs, une loi pour les cathédrales, une loi pour ce qu'on a de plus sacré après l'avenir, une loi pour le passé, cette loi juste, bonne , excellente, sainte, utile, nécessaire, indispensable, urgente, on n'a pas le temps, on ne la fera pas!
"Guerre aux démolisseurs" "La Revue des Deux Mondes" 1832

En conclusion, rions un peu avec un célèbre passage de L'Assemblée des femmes d'ARISTOPHANE. Praxagora, l'héroïne dont le nom signifie " celle qui agit sur l'agora", c'est à dire dans le domaine poli- tique, déguisée en homme, fait un discours à l'ecclesia, l'assemblée du peuple, pour demander que les femmes remplacent leurs maris à la direction des affaires du pays mal géré par eux. Elle obtient satisfaction, en faisant l'apologie des personnes de son sexe:

La moralité des femmes est supérieure à celle des hommes, comme je vais le démontrer.

Pour commencer, elles teignent leur laine à l'eau chaude, selon l'ancienne coutume, toutes autant qu'elles sont, et on ne les verrait pas expérimentationner, alors que la cité d'Athènes, même si cela lui convenait, ne se croirait pas sauvée si elle n'allait pas chercher quelque nouveauté.

Elles, elles font leurs grillades à croupetons comme au bon vieux temps; elles portent les fardeaux sur la tête comme au bon vieux temps; elles cuisent les tartes, comme au bon vieux temps; elles épuisent leurs maris, comme au bon vieux temps; elles ont des amants à domicile, comme au bon vieux temps; elles se payent des hors-d'oeuvre comme au bon vieux temps; elles aiment le vin pur comme au bon vieux temps.

Confions-leur donc la cité, Messieurs, sans perdre notre temps à bavarder ou à nous demander ce qu'elles vont bien pouvoir faire. Simplement laissons les gouverner, et ne prenons que ceci en considération: d'abord en tant que mères, elles auront à coeur de sauver les soldats; et puis, leurs vivres, qui pourrait les envoyer plus vite qu'une maman? Rien de plus doué qu'une femme pour trouver de l'argent et, si elle gouverne, on ne pourra jamais la tromper, tant elles mêmes sont habituées à tromper. Je vais en rester là, mais si vous suivez mon conseil, vous passerez votre vie en plein bonheur.

Cercle Louis XVI. Club rhétorique. avril 2022

CHAPITRE VI

L'HABIT FAIT-IL LE MOINE ?

Cette interrogation transforme de manière piquante un proverbe présenté sous forme négative: l'habit ne fait pas le moine. Comme beaucoup de maximes, c'est une mise en garde: il ne faut pas juger les gens sur leur apparence, qui peut être trompeuse. Elle invite à penser le rapport entre être et paraître, mensonge et vérité. Dans la vie réelle, tantôt on tombe dans le piège de l'habit, tantôt on devine la supercherie quand un peu de perspicacité nous permet de distinguer le vrai du faux. En littérature, il n'en va pas de même : le déguisement, en particulier au théâtre, fonctionne à merveille, en vertu d'un accord tacite entre l'auteur et le spectateur ou le lecteur. Prenons quelques exemples.

Commençons par les contes et l'un des plus célèbres d'entre eux: "Le Petit Chaperon rouge" dans <u>Les Contes de ma mère l'Oye</u> de CHARLES PERRAULT.

Le loup déguisé en grand-mère dévore le Petit Chaperon rouge. L'habit permet la ruse et le crime, il est utilisé pour faire le mal. *-Toc,toc.- Qui est là? Le Petit Chaperon rouge, qui entendit la grosse voix du loup, eut peur d'abord, mais, croyant que sa grand-mère était enrhumée, répondit: C'est votre fille, le Petit Chaperon rouge, qui vous apporte une galette et un petit pot de beurre, que ma mère vous envoie. Le loup lui cria en adoucissant un peu sa voix: Tire la chevillette, la bobinette cherra. Le Petit Chaperon rouge tira la chevillette, et la porte s'ouvrit.*

Dans le <u>Tartuffe </u>de MOLIERE, le héros éponyme, joue le rôle d'un dévot directeur de conscience auprès du bourgeois Orgon, et profite de l'aveuglement de ce dernier pour séduire Elmire, son épouse. L'habit de prêtre sert à cacher sa vraie nature, sa cupidité et sa sensualité.

Tartuffe entre en scène par des mots significatifs qui trahissent le caractère faux et ostentatoire de sa dévotion, puisqu'elle est réduite à son habit et aux symboles qui l'accompagnent: *"Laurent, serrez ma haire avec ma discipline"* (une haire: sorte de cilice ou de chemise de crin portée sur la peau par esprit de mortification et de pénitence; une discipline: sorte de fouet fait de cordelettes ou de petites chaînes avec lequel les pénitents se flagellaient.)

Dorine, la fidèle servante, n'est pas dupe de sa TARTUFFERIE:

Il passe pour un saint dans votre fantaisie:
Tout son fait, croyez-moi, n'est rien
Qu'hypocrisie.

RIMBAUD, dans son sonnet "Le châtiment de Tartuffe", nous montre, avec un anti-cléricalisme féroce, que ce dernier cache une âme noire sous un habit noir :

Tisonnant, tisonnant son coeur amoureux sous
Sa chaste robe noire, heureux, la main gantée,
Un jour qu'il s'en allait, effroyablement doux,
Jaune, bavant la foi de sa bouche édentée,

Un jour qu'il s'en allait, "Oremus," un Méchant
Le prit rudement par son oreille benoîte
Et lui jeta des mots affreux, en arrachant
Sa chaste robe noire autour de sa peau moite!

Châtiment! ...Ses habits étaient déboutonnés,
Et le long chapelet des péchés pardonnés
S'égrenant dans son coeur, Saint Tartuffe était pâle!...

Donc, il se confessait, priait, avec un râle!
L'homme se contenta d'emporter ses rabats...
- Peuh! Tartuffe était nu du haut jusques en bas!

Abordons maintenant la question: "l'habit fait-il le moine?" sous un autre angle. Celui de la VANITE. On s'habille parfois dans le but de tromper, mais pas toujours avec de mauvaises intentions, simplement pour apparaître sous un jour plus avantageux, comme le montre la courte fable de LA FONTAINE: "L'Ane vêtu de la peau du Lion":

De la peau du lion l'âne s'étant vêtu,
Etait craint partout à la ronde;
Et bien qu'animal sans vertu,
Il faisait trembler tout le monde.
Un petit bout d'oreille échappé par malheur
Découvrit la fourbe et l'erreur:
Martin fit alors son office.
Ceux qui ne savaient pas la ruse et la malice
S'étonnaient de voir que Martin
Chassât les lions au moulin.
Force gens font du bruit en France,
Par qui cet apologue est rendu familier.
Un équipage cavalier
Fait les trois quarts de leur vaillance.

Le Ruy Blas de Victor HUGO, porte, lui aussi, des habits qui le métamorphosent de simple laquais en Grand d'Espagne. Il a accepté cette supercherie, fruit d'un marché avec le machiavélique Don Salluste, à cause de son amour fou pour la reine.

Ruy Blas:
Oh! mon âme au démon! je la vendrais pour être
Un des jeunes seigneurs que, de cette fenêtre,
Je vois en ce moment, comme un vivant affront,
Entrer la plume au feutre et l'orgueil sur le front!
Oui, je me damnerais pour dépouiller ma chaîne,
Et pour pouvoir comme eux m'approcher de la reine

Avec un vêtement qui ne soit pas honteux!
Mais, ô rage! être ainsi, près d'elle! devant eux!
En livrée! Un laquais! Être un laquais pour elle!
Ayez pitié de moi, mon Dieu!
Habillé en grand seigneur, Ruy Blas devient grand seigneur. Non que l'habit fasse le moine, mais le héros trouve dans sa nouvelle tenue aristocratique un vêtement qui correspond à sa noblesse d'âme et à ses talents pour gouverner toutes les Espagnes.

Un personnage réel, Jean-Jacques ROUSSEAU, a, lui aussi, porté une livrée qu'il jugeait infamante, eu égard à son génie. Il le rapporte dans <u>Les Confessions</u>:
Quoi! Toujours laquais? me dis-je en moi-même avec un dépit amer que la confiance effaça bientôt. Je me sentais trop peu fait pour cette place pour craindre qu'on m'y laissât.

Au théâtre, dans les comédies, le costume est un artifice commode pour créer du comique de FARCE. Molière s'en sert souvent pour duper les personnages monomaniaques de son oeuvre et donner une fin heureuse à des situations familiales sans issue.

Par exemple,Toinette, déguisée en médecin, abuse Argan sous les yeux complices des spectateurs. La robe de médecin trompe le malade imaginaire et fait rire le public.

Toinette*: Monsieur, voilà un médecin qui demande à vous voir.*
Argan*: Et quel médecin?*
Toinette*: Un médecin de la médecine.*

Argan: *Je te demande qui il est?*

Toinette: *Je ne le connais pas; mais il me ressemble comme deux gouttes d'eau, et si je n'étais pas sûre que ma mère était honnête femme, je dirais que ce serait quelque petit frère qu'elle m'aurait donné depuis le trépas de mon père.*

Bien avant Toinette, les Athéniennes de L'Assemblée des femmes d'ARISTOPHANE n'avaient pas peur de s'habiller en hommes et de s'affubler de fausses barbes, pour remplacer leurs maris en politique. La meneuse Praxagora, impatiente de voir arriver ses voisines sur la place publique, s'écrie:

Que peut-il bien se passer? Est-ce qu'elles n'ont pas encore les barbes postiches convenues, est-ce que dérober en douce les manteaux de leurs maris leur a été difficile?

A l'inverse de tout ce que nous avons vu jusqu'ici, l'habit, loin d'occulter la VERITE, peut aussi, de manière paradoxale, la dévoiler. Particulièrement dans le domaine amoureux. Par exemple, pour séduire Rosine, l'héroïne du Barbier de Séville de Beaumarchais, le comte Almaviva se déguise en étudiant pauvre, afin que la jeune femme l'aime pour lui-même.

Et dans Le Jeu de l'amour et du hasard de MARIVAUX, les deux jeunes premiers, Silvia et Dorante ont la même idée: prendre la place de leurs servante et valet respectifs, Lisette et Bourguignon, pour mieux connaître les sentiments de l'autre avant le mariage. Double déguisement, double quiproquo qui amène à la découverte de l'amour vrai, assez fort pour surmonter l'obstacle d'un statut social différent:

Dorante *(qui croit parler à la servante): Tu te trompes Lisette. Je n'ai pu me défendre de t'aimer.*

Silvia*: Nous y voilà: je me défendrai bien de t'entendre, moi; adieu.*

Dorante*: Reste, ce n'est plus Bourguignon qui te parle.*

Silvia: *Eh, qui es-tu donc?*

Dorante*: Ah! Lisette! C'est ici que tu vas juger des peines qu'a dû ressentir mon coeur. ....Sache que celui qui est avec ta maîtresse n'est pas ce que l'on pense.*

Silvia*: Qui donc est-il?*

Dorante*: Un valet.*

Silvia*: Après?*

Dorante*: C'est moi qui suis Dorante.*

Silvia *(à part): Ah! Je vois clair dans mon coeur.*

En conclusion, l'habit est une sorte de langage qui peut aussi bien cacher que révéler la vérité. Il est aussi, selon le sociologue Gabriel TARDE (1843-1904), une partie constitutive de "l'*être humain qui est composé d'un corps, d'une âme et d'un vêtement.*"

Et, quand le vêtement va, tout va, à en croire les deux derniers vers d'A quoi rêvent les jeunes filles (1832) d'Alfred de MUSSET :

Et vous, mon cher Irus,
Soyez heureux aussi; votre habit vous va bien.

Cercle Louis XVI. Club rhétorique. Mai 2022.

CHAPITRE VII

LA RHETORIQUE EST-ELLE UNE BELLE MENTEUSE?

Dès l'origine, dans l'Athènes du Vème siècle avant J-C, PLATON condamne la rhétorique qu'il associe à la SOPHISTIQUE. Son porte-parole, Socrate, demande au célèbre sophiste Protagoras, dans le dialogue éponyme, ce qu'enseigne la rhétorique et quelle en est la finalité.

Socrate: en quel art le sophiste est-il maître?
- Ce que nous répondrions, Socrate? qu'il est maître en l'art de rendre les hommes habiles à parler.
- La réponse serait peut-être juste mais insuffisante; car elle appelle une autre question: sur quoi le sophiste rend-il habile à parler? Ainsi le joueur de cithare rend habile à parler sur la matière qu'il enseigne, l'art de jouer de la cithare; n'est-ce pas vrai?
- Si.

*- Mais le sophiste, sur quoi rend-il habile à parler? Évidemment,
n'est-ce pas, sur la matière où il est lui-même savant?*
- Sans doute.
*- Mais quelle est la matière où le sophiste est lui- même savant et
rend savant son élève?*
- Par Zeus, je ne sais plus que te répondre.

Socrate dissuade donc son jeune ami Hippocrate d'apprendre la
rhétorique, inutile et coûteuse, à la différence de la philosophie qui
enseigne vertu et sagesse.

*- Quoi donc! Sais-tu à quel danger tu vas soumettre ton âme? S'il te
fallait confier ton corps à quelqu'un et courir le hasard de fortifier
ou de gâter ta santé, tu y regarderais à deux fois pour t'en remettre
ou non à ses soins...et pour une chose que tu mets bien au-dessus de
ton corps, pour ton âme, dont dépend tout ton sort, puisque tu seras
heureux ou malheureux selon que ton âme sera bonne ou mauvaise,
sans prendre le temps de réfléchir ni de consulter s'il faut ou non
remettre ton âme entre ses mains, tout prêt à dépenser ta fortune et
celle de tes amis, tu as décidé tout de suite qu'il fallait absolument
t'attacher à Protagoras, que tu ne connais pas.*

A la même époque, le poète comique ARISTOPHANE, un
réactionnaire, tient également les rhéteurs pour funestes. Dans <u>Les
Nuées</u>, son personnage principal, Strepsiade, veut apprendre l'art de
bien parler en vue de ne pas payer ses dettes à ses débiteurs.

Strepsiade*: Tu vois cette maisonnette avec cette petite porte? Voici le
Réflectoire où habitent des hommes savants qui enseignent,
moyennant finances, à triompher dans un procès, qu'on plaide le
juste ou l'injuste....ce sont des supercogitationneurs.*

Philippidès*: Berk! Des canailles, oui! Des charlatans! Mais que veux-tu donc que j'apprenne?*

Strepsiade*: On dit qu'ils ont chez eux les deux raisonnements: le fort et le faible; il paraît que, dans les procès, ce dernier peut faire triompher même la plus mauvaise cause! Donc...si tu apprenais pour moi ce raisonnement vicieux, ce que je dois aujourd'hui à cause de toi, ces dettes, je n'aurais rien à en payer... pas une obole...à personne!*

Et il oblige son fils Philippidès à apprendre les ficelles du raisonnement vicieux. Fâcheuse idée qui se retourne contre lui, car Philippidès se met à battre son père, en lui démontrant que c'est une excellente chose, tout à fait justifiée.

Strepsiade*: ...C'est ton père que tu bats?*

Philippidès: *Oui, nom de Zeus!... et je vais te démontrer que j'avais le droit de te battre.*

Strepsiade: *Immonde scélérat! Comment pourrait-on avoir le droit de battre son père?*

Philippidès*: Je vais te le montrer, et je te vaincrai grâce à mon éloquence! Pour commencer, je vais te poser cette question: quand j'étais petit, me battais-tu?*

Strepsiade*: Bien-sûr que oui...par affection et sollicitude pour toi...*

Philippidès*: Alors, dis-moi: n'est-il pas juste que moi aussi j'aie pour toi une égale affection et que je te batte... puisque battre les gens, c'est justement leur montrer de l'affection? Quelle raison y aurait-il, en effet, pour que ton dos soit dispensé de coups, et pas le mien? Tu diras, toi, que la loi permet d'agir ainsi avec un* *enfant...mais je répondrai moi que les vieux retombent en enfance, et qu'il est normal que les vieux soient plus corrigés que les jeunes, dans la mesure où il est moins admissible qu'ils commettent des fautes."*

Un sophiste est donc capable de faire triompher la mauvaise cause sur la bonne, le mal sur le bien.

Beaucoup plus tard, PASCAL, au XVII ème siècle, pourfend à son tour la rhétorique, sur le plan littéraire, dans une célèbre formule: *La véritable éloquence se moque de l'éloquence. Quand on voit le style naturel, on est tout étonné et ravi, car on s'attendait de voir un auteur et on trouve un homme.* A ses yeux, la rhétorique nuit à l'authenticité de l'écriture.

Cependant, comme la langue d'Esope, l'éloquence peut être la pire ou la meilleure des choses. Dans le but de convaincre ou persuader, écrivains et philosophes n'hésitent pas à utiliser l'art oratoire au profit de causes qu'ils jugent bonnes .

Ainsi, JEAN-JACQUES ROUSSEAU, sévère à l'égard des séductions de la littérature qu'il compare à des mensonges destinés à tromper les lecteurs, sait pourtant fort bien user des artifices du discours. Pour dénoncer la propriété privée, à l'origine, selon lui, de tous les malheurs de l'humanité, il multiplie les PROCEDES RHETORIQUES qui font la beauté de l'éloquence: anaphores, périodes, parallélismes antithétiques, amplifications.

Le premier qui, ayant enclos un terrain, s'avisa de dire: "Ceci est à moi, et trouva des gens assez simples pour le croire, fut le vrai fondateur de la société civile. Que de crimes, de guerres, de meurtres, que de misères et d'horreurs n'eût point épargnés au genre humain celui qui, arrachant les pieux ou comblant le fossé, eût crié à ses semblables: Gardez-vous d'écouter cet imposteur; vous êtes perdus si vous oubliez que les fruits de la terre sont à tous et que la terre n'est à personne."
Discours sur l'origine et le fondement de l'inégalité parmi les hommes (1755.)

Le 9 juillet 1849, VICTOR HUGO, à l'Assemblée nationale, recourt aussi aux effets rhétoriques pour dénoncer la misère qui règne à Paris. Apostrophes au public, répétitions intensives lui servent à soulever l'enthousiasme d'un auditoire de bourgeois nantis, peu enclins à s'apitoyer sur la souffrance du peuple.

Le mois passé, pendant la recrudescence du choléra, on a trouvé une mère et ses quatre enfants qui cherchaient leur nourriture dans les débris immondes et pestilentiels des charniers de Mont-Faucon! (sensation.) Eh bien! messieurs, je dis que ce sont là des choses qui ne doivent pas être; je dis que la société doit dépenser toute sa force, toute sa sollicitude, toute son intellligence, toute sa volonté, pour que de telles choses ne soient pas! Je dis que de tels faits, dans un pays civilisé, engagent la conscience de la société tout entière; que je m'en sens, moi qui parle, complice et solidaire (mouvement), et que de tels faits ne sont pas seulement des torts envers l'homme mais

*des torts envers Dieu! (sensation prolongée)...Je voudrais que cette
assemblée, majorité et minorité, n'importe, je ne connais pas, moi,
de majorité et de minorité en de telles questions; je voudrais que
cette assemblée n'eût qu'une âme pour marcher à ce grand but
magnifique, à ce but sublime, l'abolition de la misère! (Bravo!
Applaudissements.) Discours sur la misère*

J'aborderai enfin un cas difficile à trancher, celui de la rhétorique
guerrière.
Le roi Henry V, dans la pièce éponyme de SHAKESPEARE, exhorte
ses troupes au combat; son exaltation et sa fierté d'être Anglais
enivrent ses soldats en même temps que les spectateurs.

*En avant , en avant, nobles Anglais, qui tirez votre sang de pères
aguerris; de pères qui, comme autant d'Alexandres, ont combattu de
l'aube jusqu'au soir, ne rengainant le fer que faute de combat- tants.
Ne déshonorez pas vos mères: attestez à cette heure que ceux que
vous disiez vos pères vous ont conçus! Servez à présent de modèles
aux hommes d'un sang moins pur, apprenez-leur à faire la guerre! Et
vous, braves campagnards dont les membres furent façonnés en
Angleterre, montrez-nous ici la vertu de votre terroir; jurons
ensemble que vous êtes dignes de votre cru, ce dont je ne doute: car
il n'est pas un de vous, si humble et grossier soit-il, qui n'ait dans les
yeux un noble éclat. Je vous vois là comme des lévriers en laisse,
tendus vers le départ. Le gibier est levé; suivez votre ardeur; tout en
chargeant, criez: Dieu soit avec Harry, l'Angleterre, et saint
Georges!*

La beauté et la puissance de l'éloquence shakespearienne sont mises au service du patriotisme. Néanmoins, il reste qu'elle incite aussi au massacre d'êtres humains.

En conclusion, nous dirons que la rhétorique est condamnable quand elle s'apparente à la sophistique, mais qu'inversement, elle participe, par ses procédés stylistiques, à la beauté des plus grands discours.

Cercle Louis XVI. Club rhétorique. Juin 2022.

CHAPITRE VIII

VIVONS-NOUS SOUS LA LOI DU PLUS FORT?

Depuis notre plus tendre enfance, nous savons par la fable de LA FONTAINE: "Le Loup et l'Agneau" que les humains vivent sous la loi du plus fort:

La raison du plus fort est toujours la meilleure:
Nous l'allons montrer tout à l'heure.
Un agneau se désaltérait
Dans le courant d'une onde pure.
Un loup survient à jeun qui cherchait aventure,
Et que la faim en ces lieux attirait.
Qui te rend si hardi de troubler mon breuvage?
Dit cet animal plein de rage:
Tu seras châtié de ta témérité.

Le loup, incarnation animale du fort, n'a aucun scrupule à travestir la réalité et à muer la victime en coupable pour justifier son crime. Non content d'être le plus fort, il joue avec cynisme le rôle de celui qui défend son droit...

Dans l'Antiquité, THUCYDIDE, auteur de <u>La guerre du Péloponnèse</u> nous donne un exemple du rapport de force entre une grande puissance cynique et un état faible, sous le titre : "Dialogue entre les Athéniens et les Méliens" (V,85). Athènes est une démocratie impérialiste qui tient son pouvoir et ses richesses des lourdes taxes qu'elle exige des villes et des îles qu'elle a conquises. Ses troupes et ses navires assiègent l'île de Mélos.

Les Méliens:

Echanger ainsi nos points de vue en toute tranquillité, voilà qui est fort raisonnable....mais une chose nous paraît peu en accord avec cette proposition, c'est cet appareil guerrier avec lequel dès maintenant et sans attendre vous nous menacez...Quel résultat peut-on attendre de cette conférence? Si, après avoir triomphé sur le plan du droit, nous refusons de céder, ce sera pour nous la guerre, et si nous nous inclinons, ce sera la servitude.

Les Athéniens:

Vous savez aussi bien que nous que, dans le monde des hommes, les arguments de droit n'ont de poids que dans la mesure où les adversaires en présence disposent de moyens de contrainte équivalents et que, si tel n'est pas le cas, les plus forts tirent tout le parti possible de leur puissance, tandis que les plus faibles n'ont qu'à s'incliner....Ni nos prétentions ni notre conduite n'ont rien qui soit en contradiction avec les idées religieuses des hommes ou avec les principes dont ils s'inspirent dans leurs relations entre eux. Nous croyons, étant donné ce qu'on peut supposer des dieux et ce que l'on sait avec certitude des hommes, que les uns et les autres obéissent nécessairement à une loi de nature qui les pousse à dominer les autres chaque fois qu'ils sont les plus forts. Cette loi, ce n'est pas nous qui l'avons faite et nous ne sommes pas les premiers à l'avoir mise en application une fois qu'elle a été établie. D'autres nous l'ont transmise et nous lui obéissons, comme feront tous ceux qui viendront après nous.

Ce texte, criant de vérité à toute époque et dans tout pays, analyse avec cynisme la guerre de conquête et la soif de domination des états les plus puissants sur plus faibles. Sous l'apparente neutralité du récit historique, apparaît la condamnation par l'auteur de l'impérialisme et du colonialisme de la toute jeune démocratie athénienne.

MACHIAVEL constate lui aussi que le Prince, légitime ou non, doit, pour exister, recourir à la force brutale.

Un prince ne doit avoir autre objet ni autre penser, ni prendre autre matière à coeur que le fait de la guerre et l'organisation et discipline militaires; car c'est le seul art qui appartienne à ceux qui commandent, ayant si grande puissance que non seulement il maintient ceux qui de race sont princes, mais bien souvent fait monter à ce degré les hommes de simple condition.

PASCAL va au-delà de ce simple constat et réfléchit au rapport entre justice et force.

La justice est sujette à dispute, la force est reconnaissable et sans dispute. Ainsi on n'a pu donner la force à la justice, parce que la force a contredit la justice et a dit qu'elle était injuste, et a dit que c'était elle qui était juste... Ne pouvant fortifier la justice, on a justifié la force, afin que le juste et le fort fussent ensemble, et que la paix fût, qui est le souverain bien.

La force se fait passer impunément pour justice, mais c'est une heureuse chose si le but atteint est la paix. Paradoxe étonnant que le souverain bien soit le résultat de la brutalité et du mensonge!

Ce que justifie Pascal au nom de la paix, ROUSSEAU le condamne dans <u>Le Contrat social</u> Livre I, chapitre 3. L'oppression du faible par le fort commence par l'usage de la force brute et se maintient par sa justification mensongère au nom du droit :

Le plus fort n'est jamais assez fort pour être toujours le maître, s'il ne transforme sa force en droit et l'obéissance en devoir. De là le droit du plus fort; droit pris ironiquement en apparence, et réellement établi en principe.

Un républicain comme Rousseau ne peut accepter le rapport de dominant à dominé, qui contrevient au- tant à l'idée d'égalité entre les hommes qu'à la liberté fondamentale de chacun.

HEGEL, cinquante ans plus tard, conçoit la dialectique du maître et de l'esclave qu'on peut résumer ainsi : celui qui a accepté de risquer sa vie est devenu le maître. Il commande aux esclaves qui, eux, n'ont pas voulu courir ce risque. Mais le maître cesse de travailler, devient oisif, inactif. Alors l'esclave prend le pouvoir par son travail car le maître dépend désormais de lui et devient esclave à son tour. Ce renversement dialectique décrit l'inversion du rapport de force entre eux.

On pourrait croire que l'Etat a la capacité de contrecarrer la loi du plus fort, en imposant des lois et des règles. Or MARX, en bon hégélien, explique, dans <u>L'idéologie allemande,</u> qu'il n'en est rien. En effet, l'Etat n'est pas un Etat de droit, mais l'émanation de la classe dirigeante et de ses seuls intérêts matériels: *L'Etat est la forme par laquelle les individus d'une classe dominante font valoir leurs intérêts communs.*

En conclusion, le droit du plus fort règne partout avec cynisme. l'Etat lui-même n'est pas un rempart suffisant pour protéger le faible. La seule consolation est que le maître ne le reste pas toujours. Pour illustrer cela, revenons à notre fabuliste initial. Le dimanche 29 janvier 1967, à Rambouillet, lors d'une chasse présidentielle, où est convié le commandant en chef de l'OTAN, Lyman Lemnitzer, le Général DE GAULLE prend ce dernier par le bras et le conduit, à l'écart des autres invités, dans une salle du château, où est exposée une série de tapisseries représentant les fables de La Fontaine. Devant "Le Loup et l'Agneau", le Président s'arrête et commente: *" Et maintenant, la France ne sera plus jamais un agneau!"*

Cercle Louis XVI. Club rhétorique. Septembre 2022.

CHAPITRE IX

SOMMES-NOUS MAÎTRES OU SUJETS DE LA NATURE?

Le rapport de l'homme à la nature a suivi, au fil des siècles, l'évolution des civilisations. En littérature, il dépend de la sensibilité de chaque écrivain. Le sujet est vaste. Pouvons-nous dire que l'homme et la nature vivent en bonne intelligence?

L'Antiquité gréco-romaine ne considère pas la nature comme une entité matérielle, un simple milieu ou un habitat. Elle la divinise. Chacune des composantes de celle-ci est l'apanage d'un dieu ou d'une déesse: les phénomènes célestes comme la foudre ou les vents sont dus à Zeus ou à Eole, les tempêtes marines à Poséidon...Les forces de la nature sont ainsi expliquées par leur origine divine. Le païen, impuissant devant ce qui le dépasse ou l'écrase, n'a d'autres recours que la prière, les offrandes, les sacrifices. Les frontières entre nature, monde humain et monde divin sont facilement franchissables: certains héros deviennent des étoiles comme Castor et Pollux. Un arbre, l'olivier, est considéré comme sacré par les Grecs, car il est voué à la déesse Athéna. Le poète latin OVIDE, au 1er siècle après Jésus-Christ, raconte des métamorphoses multiples entre hommes, bêtes et plantes, provoquées le plus souvent par la vengeance divine. La princesse Arachné devient ainsi une simple araignée; Daphné, poursuivie par Apollon, se transforme en laurier pour lui échapper; Narcisse, trop amoureux de sa propre image, se change en une modeste plante qui porte désormais son nom; quant à Actéon, pour avoir vu Diane nue au bain, il est métamorphosé en cerf. Ainsi, l'homme, la nature et les dieux se mêlent au gré de rela- tions amoureuses ou hostiles, imaginées par la religion et les poètes.

Et quand l'homme, fût-il un roi, veut dominer la nature, mal lui en prend. Lors des guerres médiques, le Roi des rois, Xerxès, se croit plus puissant que les éléments et ose "enchaîner" la mer par un pont de bateaux pour faire passer ses troupes du continent asiatique en Europe; il la fait même fouetter parce qu'elle est trop houleuse à son gré. Alors les dieux châtient en retour son péché d'orgueil, l'hubris, en condamnant sa conquête à l'échec et son empire à la disparition.

Deux mille ans plus tard, dans le petit village français de Manosque, au coeur de la Provence, Jean GIONO retrouve l'inspiration antique: il ne voit pas de relation maître à sujet entre l'homme et la nature. L'être humain redevient un élément naturel qui se confond avec le monde des plantes et des bêtes, comme le montrent les métaphores audacieuses qu'il utilise pour décrire ses

50

personnages. Voici le portrait de Panturle, dernier habitant d'un village provençal qui meurt en raison de l'exode rural:

Le Panturle est un homme énorme. On dirait un morceau de bois qui marche. Au gros de l'été, quand il se fait un couvre-nuque avec des feuilles de figuier, qu'il a les mains pleines d'herbe et qu'il se redresse, les bras écartés, pour regarder la terre, c'est un arbre. Sa chemise pend en lambeaux comme une écorce. Il a une grande lèvre épaisse et difforme, comme un poivron rouge. <u>Regain</u> *(1930)*

Pendant très longtemps, les écrivains français, humanistes et classiques, ont préféré étudier l'homme en soi, sa psychologie, ses passions et ses relations au sein de la société plutôt qu'avec la nature qui l'entoure.

Une révolution littéraire intervient avec J.J ROUSSEAU qui accorde une place privilégiée à cette nature, preuve éclatante de l'existence de Dieu et seul milieu où l'homme puisse vivre heureux. Il réinvente ainsi, à son usage personnel, le mythe du Paradis terrestre, qui n'est autre, au sens étymologique du terme, qu'un jardin clos où l'homme vit en harmonie avec la création. Pour lui, ce jardin, c'est " Les Charmettes" où il s'installe, à l'âge de seize ans, avec Madame de Warens, sa maîtresse, qu'il appelle "maman".

J'engageai maman à vivre à la campagne. Une maison isolée au penchant d'un vallon fut notre asile, et c'est là que dans l'espace de quatre ou cinq ans j'ai joui d'un siècle de vie et d'un bonheur pur et plein qui couvre de son charme tout ce que mon sort présent a d'affreux. J'avais besoin d'une amie selon mon coeur, je la

possédais. J'avais désiré la campagne je l'avais obtenue, je ne pouvais souffrir l'assujetissement j'étais parfaitement libre, et mieux que libre, car assujetti par mes seuls attachements, je ne faisais que ce que je voulais faire. Tout mon temps était rempli par des soins affectueux ou par des occupations champêtres.
<u>Les rêveries du promeneur solitaire. La dixième promenade</u> (1778)

Quelques décennies plus tard, le sentiment des Romantiques sur la nature va d'un extrême à l'autre, de l'amour à la haine. Tantôt la nature est en harmonie avec l'être humain et la confidente idéale des peines ou des joies de son coeur; tantôt, elle est indifférente à ses chagrins et inhumaine. Telle est l'ambivalence de la nature. En voici deux illustrations empruntées à VICTOR HUGO.

Dans le premier poème, la nature participe au bonheur inespéré accordé par Dieu au vieux Booz, celui d'avoir un fils à plus de quatre-vingt ans.

Booz ne savait point qu'une femme était là,
Et Ruth ne savait point ce que Dieu voulait d'elle.
Un frais parfum sortait des touffes d'asphodèle;
Les souffles de la nuit flottaient sur Galgala.

La repiration de Booz qui dormait
Se mêlait au bruit sourd des ruisseaux sur la mousse.
On était dans le mois où la nature est douce,
Les collines ayant des lys sur leur sommet.
<u>La légende des siècles</u> *(1859)*

A l'inverse, la nature peut ignorer totalement l'homme. Ainsi, elle a effacé les traces des amants, Victor et Juliette.

Que peu de temps suffit pour changer toutes choses!
Nature au front serein, comme vous oubliez!
Et comme vous brisez dans vos métamorphoses
Les fils mystérieux où nos coeurs sont liés!

Nos chambres de feuillage en halliers sont changées!
L'arbre où fut notre chiffre est mort ou renversé;
Nos roses dans l'enclos ont été ravagées
Par les petits enfants qui sautent le fossé.

"Eh bien! Oubliez-nous, maison, jardin, ombrages!
Herbe, use notre seuil! ronce, cache nos pas!
Chantez, oiseaux! Ruisseaux, coulez! Croissez, feuillages!
Ceux que vous oubliez ne vous oublieront pas."

La tristesse d'Olympio *21 octobre 1837* Les Rayons et les Ombres
(1840).

A l'aube du XX ème siècle, COLETTE (1873-1954) ne pense pas
la nature et l'homme en termes de rapport de forces. Elle
s'émerveille devant les grâces miraculeuses des fleurs, des fruits et
des in- sectes de son pays natal, la Puisaye. A ces grâces s'ajoute,
pour nous, lecteurs, la magie de sa prose poétique.
J'appartiens à un pays que j'ai quitté. Tu ne peux empêcher qu'à
cette heure s'y épanouisse au soleil toute une chevelure embaumée
de forêts. Rien ne peut empêcher qu'à cette heure l'herbe profonde y
noie le pied des arbres d'un vert délicieux et apaisant dont mon âme
a soif...Viens, toi qui l'ignores, viens que je te dise tout bas: le

parfum des bois de mon pays égale la fraise et la rose! Tu jurerais
quand les taillis de ronces y sont en fleurs, qu'un fruit mûrit on ne
sait où, -là-bas, ici, tout près,- un fruit insaisissable qu'on aspire en
ouvrant les narines.....Et si tu arrivais, un jour d'été, dans mon pays,
au fond d'un jardin que je connais, un jardin noir de verdure et sans
fleurs, si tu regardais bleuir au lointain, une montagne ronde où les
cailloux, les papillons et les chardons se teignent du même azur
mauve et poussiéreux, tu m'oublierais, et tu t'assoierais là, pour
n'en plus bouger jusqu'au terme de ta vie. <u>Les vrilles de la vigne</u>
(1908).

GIRAUDOUX (1882-1944), quant à lui, pense que la femme est
plus proche de la nature que l'homme. On peut le voir dans son
personnage d'Ondine, sirène des légendes nordiques, qui appartient à
la fois au monde humain et au milieu aquatique. La relation de cette
dernière à la nature est fusionnelle, sa compréhension du monde
intuitive et poétique. A côté d'elle, Hans, le lourdeau, ne comprend
rien aux injonctions du vivant. Et cette incompréhension lui sera
fatale.
Ondine, chez ses parents adoptifs Eugénie et Auguste, deux pauvres
pêcheurs, fait la connaissance de ce chevalier teuton, le jour où,
perdu dans la forêt, il leur demande l'hospitalité et, pour dîner, car il
a très faim, une truite cuite au bleu...

Eugénie: *Voici votre truite au bleu, Seigneur. Mangez-la. Cela*
vaudra mieux que d'écouter notre folle...
Ondine: *Sa truite au bleu!*
Le chevalier: *Elle est magnifique!*

Ondine: *Tu as osé faire une truite au bleu, mère!*

Eugénie: *Tais-toi. En tout cas, elle est cuite...*

Ondine: *O ma truite chérie, toi qui depuis ta naissance nageais vers l'eau froide!*

Auguste: *Tu ne vas pas pleurer pour une truite!*

Ondine: *Ils se disent mes parents...Et ils t'ont prise...Et ils t'ont jetée dans l'eau qui bout!*

Le chevalier: *C'est moi qui l'ai demandé, petite fille.*

Ondine: *Vous? J'aurais dû m'en douter... A vous regarder de près tout se devine...Vous êtes une bête, n'est-ce pas?*

Eugénie: *Excusez-la, Seigneur!*

Ondine: *Vous ne comprenez rien à rien, n'est-ce pas? C'est cela la chevalerie, c'est cela le courage!...Vous cherchez des géants qui n'existent point, et si un petit être vivant saute dans l'eau claire, vous le faites cuire au bleu!*

Le chevalier: *Et je le mange, mon enfant! Et je le trouve succulent!*

Ondine: *Vous allez voir comme il est succulent... (elle jette la truite par la fenêtre) Mangez-le maintenant...Adieu..."* Ondine *(1939)*

Mais cette pièce de théâtre n'est qu'une parenthèse enchantée entre les deux guerres. Après la Seconde Guerre mondiale, la question de la domestication de la nature par l'homme semble définitivement réglée grâce aux progrès scientifiques et technologiques. L'être humain utilise désormais la nature à son seul avantage, sans retenue, sans réfléchir au long terme, uniquement préoccupé qu'il est par le profit immédiat. La "victoire" illusoire de l'homo sapiens comme de l'homo faber aboutit à la destruction partielle et irréversible de son habitat, ce qu'aucune bête n'avait jamais fait jusqu'ici...

Louis- Ferdinand CELINE (1894-1961) est un des premiers à dénoncer cette folie humaine, visible en particulier dans l'apparition de mégapoles où toute trace de la nature a disparu. Son héros, Bardamu, dans la troisième partie du Voyage au bout de la nuit, qui se déroule aux Etats-Unis, est littéralement effrayé par la ville de New-York, modèle des métropoles futures, là où le ciel lui-même est à peine visible, tant il est *" réduit en morceaux"* dit le texte, par la hauteur vertigineuse des immeubles.

Comme si j'avais su où j'allais, j'ai eu l'air de choisir encore et j'ai changé de route, j'ai pris sur ma droite une autre rue, mieux éclairée, "Broadway" qu'elle s'appelait. Le nom je l'ai lu sur une plaque. Bien au-dessus des derniers étages, en haut, restait du jour avec des mouettes et des morceaux du ciel. Nous on avançait dans la lueur d'en bas, malade comme celle de la forêt et si grise que la rue en était pleine comme un gros mélange de coton sale. C'était comme une plaie triste la rue qui n'en finissait plus, avec nous au fond, nous autres, d'un bord à l'autre, d'une peine à l'autre, vers le bout qu'on ne voit jamais, le bout de toutes les rues du monde." Voyage au bout de la nuit 1932

Concluons. A l'origine du monde, la nature est terrifiante; peu à peu, l'être humain apprivoise les bêtes, cultive les champs, devient "maître et possesseur" de la nature, selon l'idéal cartésien. Mais, en raison de sa cupidité, sa domination du vivant se transforme en pouvoir de destruction. La nature, pro- fondément modifiée par lui, se déchaîne aujourd'hui et redevient terrifiante et incontrôlable: les vents de tempête, les incendies, la montée des eaux, en un mot, l'insécurité climatique, ravagent notre terre. A qui la faute? Aux puissants de ce monde qui, comme Xerxès il y a 2500 ans, se sont crus supérieurs à la nature. Et aux hommes politiques qui les ont laissé faire. Or personne n'a le droit de s'en prendre à la beauté du monde.

Cercle Louis XVI. Club rhétorique. décembre 2022.

CHAPITRE X

LE RAT DES VILLES VAUT-IL LE RAT DES CHAMPS ?

Autrefois le rat de ville
Invita le rat des champs,
D'une façon fort civile,
A des reliefs d'ortolans.

Sur un tapis de Turquie
Le couvert se trouva mis.
Je laisse à penser la vie
Que firent ces deux amis.

Le régal fut fort honnête;
Rien ne manquait au festin;
Mais quelqu'un troubla la fête
Pendant qu'ils étaient en train.

A la porte de la salle
Ils entendirent du bruit:
Le rat de ville détale;
Son camarade le suit.

Le bruit cesse, on se retire:
Rats en campagne aussitôt;
Et le citadin de dire:
" Achevons tout notre rôt.

- C'est assez, dit le rustique;
Demain vous viendrez chez moi.
Ce n'est pas que je me pique
De tous vos festins de roi;

Mais rien ne vient m'interrompre:
Je mange tout à loisir.
Adieu donc; fi du plaisir
Que la crainte peut corrompre!"

LA FONTAINE Fables I,9 Le Rat de ville et le Rat des champs

La fable "Le Rat de ville et le Rat des champs" est construite selon un procédé dramaturgique efficace : le renversement de situation. Le citadin, fier de son train de vie luxueux, pense écraser son compère, mais il n'en est rien. La peur qui gâche le repas donne l'avantage à celui qui est modeste, mais tranquille.
La question de savoir s'il est préférable de vivre à la ville ou à la

campagne se pose encore aujourd'hui, comme depuis l'Antiquité :
"nihil novi sub sole".

JUVENAL, poète romain du 1er siècle après notre ère, dresse,dans ses Satires, un portrait terrifiant de la plus grande ville de l'époque : Rome. Celle-ci est associée aux dépenses somptuaires, au bruit et à l'insécurité.

Est-il solitude si désolée qu'on ne doive préférer à la terreur des incendies,

Aux continuels écroulements des maisons, aux mille périls de cette redoutable Rome?.....

Tout y coûte si cher, l'étroit logement, l'estomac des esclaves, le frugal repas ! ....

Ici plus de borne au luxe des habits :

C'est le vice commun des grands et des petits :

On ne s'arrête plus au simple nécessaire

Ce qui suffit n'est rien ; on emprunte, on s'obère,

Et chacun à grands pas vers sa chute emporté,

D'un faste ambitieux revêt sa pauvreté.

Que te dirai-je enfin ? tout se vend, tout s'achète....

«Hâtons-nous de quitter un lieu si peu tranquille ;

Sortons : courons chercher quelque lointain asile,

Où, sans craindre le feu, les voleurs et le bruit....

Avec sécurité l'on passe au moins la nuit......

O mon cher Juvénal, que n'as-tu le courage

De venir loin du cirque avec moi vivre en sage!

Pour le prix que dans Rome un patron rigoureux

Exige tous les ans d'un cachot ténébreux,

Tu pourrais, ou dans Sore ou dans Fabraterie,
Acheter un manoir avec sa métairie.
Là, cultivant toi-même un modeste jardin,
Souvent on te verrait, d'une onde avec la main
Sans corde et sans fatigue à sa source puisée,
Répandre sur tes fleurs la féconde rosée.
Quel plaisir de pouvoir offrir à cent amis,
Les mets que Pythagore aux mortels a permis,
Et d'être, n'importe où, du moindre coin de terre
Et le cultivateur et le propriétaire!
<u>Satires</u> III

L'éloge de la campagne est un topos que l'on retrouve aussi dans <u>Les Géorgiques</u> de VIRGILE écrites à la demande de l'empereur Auguste, désireux de redonner son autonomie alimentaire à l'Italie.
Trop heureux les laboureurs, s'ils connaissaient leurs vrais biens! ...
ils ont une vie tranquille, assurée, innocente, et riche de mille biens;
ils goûtent le repos dans leurs vastes domaines; ils ont des grottes,
des lacs d'eau vive; ils ont les fraîches vallées, les mugissements des
troupeaux, et les doux sommeils à l'ombre de leurs arbres: là sont les
pâtis et les repaires des bêtes fauves; c'est là qu'on trouve une
jeunesse dure au travail, et accoutumée à vivre de peu. C'est là que
la religion est en honneur, et les pères vénérés à l'égal des dieux.

La campagne offre donc toutes sortes de bienfaits: une bonne nourriture, un bon sommeil, la fraîcheur par temps de canicule et le respect des vraies valeurs, morales et religieuses. Tout semble dit et joué. La partie est gagnée pour la campagne. Eh bien ! non. Le duel reprend en France, au XVIII ème siècle. Il oppose deux grands écrivains qui incarnent cette opposition fondamentale entre ceux qui sont favorables au progrès et ceux qui lui sont hostiles. La passe d'armes est d'autant plus féroce que VOLTAIRE et ROUSSEAU se détestent. Voltaire, rat de ville, fait l'éloge de la vie urbaine dans le poème "Le Mondain" paru en 1736, véritable hymne au progrès, à la civilisation, au luxe et à tous les plaisirs raffinés :

Regrettera qui veut le bon vieux temps,
Et l'âge d'or, et le règne d'Astrée,
Et les beaux jours de Saturne et de Rhée,
Et le jardin de nos premiers parents;
Moi, je rends grâce à la nature sage
Qui, pour mon bien, m'a fait naître en cet âge
Tant décrié par nos tristes frondeurs:
Ce temps profane est tout fait pour mes mœurs.
J'aime le luxe, et même la mollesse,
Tous les plaisirs, les arts de toute espèce,
La propreté, le goût, les ornements:
Tout honnête homme a de tels sentiments.
Il est bien doux pour mon cœur très immonde
De voir ici l'abondance à la ronde,
Mère des arts et des heureux travaux,
Nous apporter, de sa source féconde,
Et des besoins et des plaisirs nouveaux.
L'or de la terre et les trésors de l'onde,
Leurs habitants et les peuples de l'air,
Tout sert au luxe, aux plaisirs de ce monde.

Oh! le bon temps que ce siècle de fer!
Le superflu, chose très nécessaire,
A réuni l'un et l'autre hémisphère.

Aux vers suivants, le philosophe, en épicurien, fait de l'esprit sur la sobriété biblique du pauvre Adam, qui cède à la gourmandise à propos d'une malheureuse pomme, mais n'a pas le bonheur, comme lui-même, d'entendre la musique de Rameau, d'admirer les tableaux de Poussin ou de voir danser la Camargo:

Quand la nature était dans son enfance,
Nos bons aïeux vivaient dans l'ignorance,
Ne connaissant ni le tien ni le mien.
Qu'auraient-ils pu connaître? ils n'avaient rien;
Ils étaient nus;............
La soie et l'or ne brillaient point chez eux.
Admirez-vous pour cela nos aïeux?
Il leur manquait l'industrie et l'aisance:
Est-ce vertu? C'était pure ignorance.
Quel idiot, s'il avait eu pour lors
Quelque bon lit, aurait couché dehors?
Mon cher Adam, mon gourmand, mon bon père,
Que faisais-tu dans les jardins d'Éden?

Sur le même sujet, vingt ans plus tard, dans une célèbre lettre écrite aux Délices, près de Genève, le 30 août 1755, Voltaire attaque avec une méchanceté féroce son plus illustre en- nemi, Rousseau, notre rat des champs, partisan d'un retour à une vie saine et naturelle. Il le met face à de cruelles contradictions, tant philosophiques que personnelles :

J'ai reçu, Monsieur, votre nouveau livre contre le genre humain; je vous en remercie; On n'a jamais employé tant d'esprit à vouloir nous rendre bêtes. Il prend envie de marcher à quatre pattes quand on lit votre ouvrage. Cependant, comme il y a plus de soixante ans que j'en ai perdu l'habitude, je sens malheureusement qu'il m'est impossible de la reprendre. Et je laisse cette allure naturelle à ceux qui en sont plus dignes que vous et moi. Je ne peux non plus m'embarquer pour aller trouver les sauvages du Canada, premièrement parce que les maladies auxquelles je suis condamné me retiennent auprès du plus grand médecin de l'Europe, et ...secondement, parce que la guerre est portée dans ces pays-là, et que les exemples de nos nations ont rendu les sauvages presque aussi méchants que nous. Je me borne à être un sauvage paisible dans la solitude que j'ai choisie auprès de votre patrie, où vous devriez être.

Ironie du sort ! Voltaire, le Parisien, habite Ferney,dans la campagne genevoise et Rousseau, l'homme de la nature, vit à Paris.

On retrouve l'opposition ville /campagne dans les relations amoureuses.

Ainsi l'amour pur et chaste de Felix de Vandenesse et de madame de Mortsauf, les héros du Lys dans la vallée de BALZAC, ne peut se concevoir, pour l'auteur, que dans le cadre champêtre et idyllique de la vallée de la Loire. Et inversement, le désir charnel du même Felix pour la séductrice lady Dudley ne peut avoir pour cadre que la grande ville corruptrice qu'est Paris. Voici comment Balzac décrit cette campagne tourangelle idéalisée par l'amour du jeune homme : *Quand je m'assis sous mon noyer, le soleil de midi faisait pétiller les ardoises de son toit et les vitres de ses fenêtres. Sa robe de percale produisait le point blanc que je remarquai dans ses vignes, sous un hallebergier. Elle était, comme vous le savez déjà, sans rien savoir encore, LE LYS DE CETTE VALLÉE où elle croissait pour le ciel, en la remplissant du parfum de ses vertus. L'amour infini ... je le trouvais exprimé par ce long ruban d'eau qui ruisselle au soleil entre deux rives vertes, par ces lignes de peupliers qui parent de leurs dentelles mobiles ce val d'amour....En ce moment, les moulins situés sur les chutes de l'Indre donnaient une voix à cette vallée frémissante, les peupliers se balançaient en riant, pas un nuage au ciel, les oiseaux chantaient, les cigales criaient, tout y était mélodie.....Sans savoir pourquoi, mes yeux revenaient au point blanc, à la femme qui brillait dans ce vaste jardin comme au milieu des buissons verts éclatait la clochette d'un convolvulus, flétrie si l'on y touche. Je descendis, l'âme émue, au fond de cette corbeille, et vis bientôt un village que la poésie qui surabondait en moi me fit trouver sans pareil.*

A la génération suivante, ZOLA, figure de proue du courant naturaliste, renvoie dos à dos ville et campagne. Pour lui, la corruption est partout.

D'abord, dans le Paris de Napoléon III dont il nous donne une vision hallucinée et très érotique, car la vie de débauche que mène l'empereur aux Tuileries semble avoir contaminé toute la capitale :

La ville n'était plus qu'une grande débauche de millions et de femmes. Le vice, venu de haut, coulait dans les ruisseaux,s'étalait dans les bassins, remontait dans les jets d'eau des jardins, pour retomber sur les toits, en pluie fine et pénétrante. Et il semblait la nuit, lorsqu'on passait les ponts, que la Seine charriât, au milieu de la ville endormie, les ordures de la cité, miettes tombées de la table, noeuds de dentelle laissés sur les divans, chevelures oubliées dans les fiacres, billets de banque glissés des corsages, tout ce que la brutalité et le contentement immédiat de l'instinct jettent à la rue, après l'avoir brisé et souillé. Alors, dans le sommeil fiévreux de Paris, et mieux encore que dans sa quête haletante du grand jour, on sentait le détraquement cérébral, le cauchemar doré et voluptueux d'une ville folle de son or et de sa chair. Jusqu'à minuit les violons chantaient; puis les fenêtres s'éteignaient, et les ombres descendaient sur la ville. C'était comme une alcôve colossale où l'on aurait soufflé la dernière bougie, éteint la dernière pudeur. Il n'y avait plus, au fond des ténèbres, qu'un grand râle d'amour furieux et las; tandis que les Tuileries, au bord de l'eau, allongeaient leurs bras dans le noir, comme pour une embrassade énorme.

Mais les vices ne s'arrêtent pas aux portes des cités. Les mœurs de la campagne, aussi, se révèlent affreuses : grossières, brutales et même animales dans le domaine sexuel.

Dans le roman intitulé <u>La terre</u>, Zola peint un agriculteur avare et trop vieux pour continuer à travailler ses champs. Il souffre à l'idée de les céder à ses fils. L'amour de la terre l'a rendu totalement inhumain.

Mais ce qu'il ne disait pas,ce qui sortait de l'émotion refoulée dans sa gorge, c'était la tristesse infinie, la rancune sourde, le déchirement de tout son corps, à se séparer de ces biens si chaudement convoités avant la mort de son père, cultivés plus tard avec un acharnement de rut augmentés ensuite, lopins à lopins, au prix de la plus sordide avarice. Telle parcelle représentait des mois de pain et de fromage, des hivers sans feu, des étés de travaux brûlants, sans autre soutien que quelques gorgées d'eau. Il avait aimé la terre en femme qui tue et pour qui on assassine. Ni épouse, ni enfants, ni personne,rien d'humain : la terre ! Et voilà qu'il avait vieilli, qu'il devait céder cette maîtresse à ses fils, comme son père la lui avait cédée à lui-même, enragé de son impuissance.

Que conclure ? Vaut-il mieux être Rat de ville ou Rat des champs ? La ville représente tantôt la civilisation, tantôt la corruption. La campagne, tantôt l'innocence, tantôt la bestialité. Mais pourquoi donc se référer à des symboles d'ordre moral? Pourquoi ne pas, tout bonnement, s'en tenir à des goûts personnels ? Alors, à chacun sa préférence. Et puis, qu'importe qu'on vive à la ville ou à la campagne! Tout un chacun ne souhaiterait-il pas, à l'instar de Voltaire, pouvoir s' exclamer : *" Le paradis terrestre est où je suis."*

Cercle Louis XVI. Club rhétorique. Janvier 2023.

CHAPITRE XI

LE RÊVE VAUT-IL LA REALITE?

Commençons par quelques confidences. Ce sujet, "Rêve et réalité", a décidé de ma vie professionnelle, il y a bien longtemps quand j'étais en classe de terminale. Mon professeur de philosophie a apprécié ma copie, m'a conseillé d'entrer en hypokhâgne et c'est ainsi que je suis devenue professeur... Rêver, laisser aller ses pensées à la dérive, c'est aussi ce que je fais souvent, dans l'île de Paros, sur la plage grecque la plus proche de chez moi, « Onar beach », qui porte bien son nom puisqu'en grec, *"onar"* signifie "songe".

Qu'est-ce qu'une rêverie éveillée ?
A tout seigneur, tout honneur, laissons la parole à Jean-Jacques Rousseau, pour connaître son expérience et son sentiment, longuement analysés dans <u>Les Rêveries du promeneur solitaire</u>, en

particulier dans la "Cinquième Promenade". Elle a pour cadre l'Isle St Pierre, située au milieu du lac de Bienne, où il a vécu deux mois heureux:

J'allais me jeter seul dans un bateau que je conduisais au milieu du lac quand l'eau était calme, et là, m'étendant tout de mon long dans le bateau les yeux tournés vers le ciel, je me laissais aller et dériver lentement au gré de l'eau quelquefois pendant plusieurs heures, plongé dans mille rêveries confuses mais délicieuses, et qui sans avoir aucun objet bien déterminé ni constant ne laissaient pas d'être à mon gré cent fois préférables à tout ce que j'avais trouvé de plus doux dans ce qu'on appelle les plaisirs de la vie. Pour Jean-Jacques, la rêverie est un état d'âme qui permet de se retrouver en soi-même et de goûter sans entrave un bonheur durable. *Ces heures de solitude et de méditation sont les seules de la journée où je sois pleinement moi et à moi sans diversion, sans obstacle. "Deuxième Promenade".* A la fin de sa vie, par l'imagination et le souvenir, il revit en pensée son séjour dans l'Isle St Pierre. Et, ô merveille, il trouve un plaisir plus grand dans le rêverie du bonheur que dans le bonheur lui-même. *En rêvant que j'y suis ne fais-je pas la même chose? Je fais même plus; à l'attrait d'une rêverie abstraite et monotone je joins des images charmantes qui la vivifient. Leurs objets échappaient souvent à mes sens dans mes extases, et maintenant plus ma rêverie est profonde plus elle me les peint vivement. Je suis souvent plus au milieu d'eux et plus agréablement encore que quand j'y étais réellement.* Dans la "Septième Promenade", il note le lien indissoluble et réciproque qui existe entre réflexion et rêverie: *Quelquefois mes rêveries finissent par la méditation, mais plus souvent mes*

méditations finissent par la rêverie, et durant ces égarements mon
âme erre et plane dans l'univers sur les ailes de l'imagination dans
des extases qui passent tout autre jouissance.

La rêverie, cet état indécis de la pensée, se colore de nuances différentes selon qu'elle est tournée vers le passé: elle est alors nostalgie. Ou vers le futur: elle devient espérance. Le rêve s'irise aussi de diverses couleurs selon son tropisme géographique: rêve d'Orient, d'Afrique ou d'Amérique. Voici, par exemple, un extrait des Mille et une nuits, contes qui, depuis des siècles, font rêver les lecteurs occidentaux par l'évocation des richesses fabuleuses et largement fantasmées de l'Orient:

Au fond de la galerie, il y avait un sofa richement garni d'un satin
rouge relevé d'une broderie d'or des Indes et un trône d'ambre au
milieu, soutenu de quatre colonnes d'ébène enrichies de diamants et
de perles d'une grosseur extraordinaire. Le jardin participait à la
magnificence de la demeure: dans un grand bassin de marbre blanc,
une eau très claire tombait abondamment de mufles de lions en
bronze doré...

La lecture de romans, de manière générale, est propice à la rêverie. Elle la nourrit et lui ouvre des perspectives nouvelles. Qui n'a pas eu, comme Le Petit Chose d'Alphonse DAUDET, l'illusion d'être le héros ou l'héroïne de l'histoire dans laquelle il se plonge?

Moi-même, en ce temps-là, j'étais cet homme singulier, vêtu de
peaux de bêtes, dont on venait de me donner les aventures, Robinson
Crusoé lui-même. Douce folie! Le soir, après souper, je relisais mon
Robinson, je l'apprenais par coeur; le jour, je le jouais, je le jouais

avec rage, et tout ce qui m'entourait, je l'enrôlais dans ma comédie.
La fabrique n'était plus la fabrique; c'était mon île déserte, oh! bien
déserte. Les bassins jouaient le rôle d'Océan. Le jardin faisait une
forêt vierge. Il y avait dans les platanes des cigales qui étaient de la
pièce et qui ne le savaient pas.

Une seconde vie, toute en pensée, parallèle à l'existence
quotidienne, enrichit ainsi la sensibilité de celui qui aime lire.

C'est, a fortiori, encore plus vrai pour le romancier, poète au sens
grec du terme, c'est à dire créateur. Il a le privilège d'inventer, au gré
de son imagination, des personnages et de composer un nouvel
univers rêvé par lui, car la vie ordinaire ne suffit pas à l'artiste.
D'autres visions l'habitent, auxquelles il donne vie par sa rêverie
créatrice. La fonction poétique consiste à offrir une forme nouvelle
au monde qui n'existe poétiquement que s'il est sans cesse
réimaginé.

Ainsi les romans de Stendhal décrivent la vie rêvée qu'il aurait
voulu connaître. L'écriture le sauve par le rêve. Quand il publie ses
deux chefs-d'oeuvre, à plus de cinquante ans, il se sent vieux, se
trouve laid et ne plaît guère aux femmes. Il rêve alors qu'il est Julien
Sorel ou Fabrice del Dongo, deux jeunes gens dont l'âme est à
l'unisson de la sienne, mais qui, parce qu'ils sont beaux, sont, au
contraire de lui, passionnément aimés...

Les poètes, eux aussi, rêvent et nous font rêver. La poésie est souvent dépendante de l'expérience onirique, comme en témoigne le célèbre poème "Mon rêve familier" de VERLAINE:

Je fais souvent ce rêve étrange et pénétrant
D'une femme inconnue, et que j'aime, et qui m'aime,
Et qui n'est, chaque fois, ni tout à fait la même
Ni tout à fait une autre, et m'aime et me comprend.

Car elle me comprend, et mon coeur transparent
Pour elle seule, hélas! cesse d'être un problème
Pour elle seule, et les moiteurs de mon front blême,
Elle seule les sait rafraîchir, en pleurant.

Est-elle brune, blonde ou rousse?- Je l'ignore.
Son nom? Je me souviens qu'il est doux et sonore
Comme ceux des aimés que la Vie exila.

Son regard est pareil au regard des statues,
Et, pour sa voix, lointaine, et calme, et grave, elle a
L'inflexion des voix chères qui se sont tues.

Le champ du rêve, cependant, ne se limite pas à la sensibilité, ni à la volonté de compenser une réalité décevante, *"un monde où l'action n'est pas la sœur du rêve."* a dit Baudelaire.

Le rêve peut être également l'aiguillon de la pensée politique. Il est à l'origine de toutes les utopies, au premier rang desquelles Utopia de THOMAS MORE. Cette île idéale est un contre modèle de l'Angleterre de 1516: les inégalités sociales y ont disparu, toutes les religions y vivent en bonne entente. Mais, comme le mot "utopie" l'indique, formé de la négation "ou" et de "topos" "le lieu", cette île n'existe nulle part. Néanmoins, elle inspire depuis six siècles les penseurs politiques qui rêvent d'un monde meilleur où les hommes vivraient ensemble, en paix.

EMILE ZOLA s'inscrit dans cette lignée utopiste. Le deuxième roman du cycle des Trois Villes (Lourdes, Rome, Paris) raconte le séjour à Rome de Pierre Froment, un prêtre français, reçu en audience privée auprès du Pape Léon XIII, devant qui il défend son rêve d'une régénérescence de l'Eglise catholique, théorisé dans un livre qu'il vient de faire paraître.

Et Pierre terminait son livre par une évocation passionnée de la Rome nouvelle, de la Rome spirituelle qui régnerait bientôt sur les peuples réconciliés, fraternisant dans un autre âge d'or. Il y voyait même la fin des superstitions, il s'était oublié, sans aucune attaque directe aux dogmes, jusqu'à faire le rêve d'un sentiment religieux élargi, affranchi des rites, tout entier à l'unique satisfaction de la charité humaine; ...Ah! Cette société, cette communauté chrétienne, c'était au désir ardent de sa prochaine venue que toute l'oeuvre aboutissait! Le christianisme enfin redevenant la religion de justice et de vérité qu'il était, avant de s'être laissé conquérir par les riches et les puissants! Les petits et les pauvres régnant, se partageant les biens d'ici-bas, n'obéissant plus qu'à la loi égalitaire du travail! Le pape seul debout à la tête de la fédération des peuples, souverain de paix, ayant la simple mission d'être la règle morale, le lien de charité et d'amour qui unit tous les êtres! ..N'était-ce pas la réalisation prochaine des promesses du Christ? Rome (page 89)

73

Dans le domaine scientifique, d'autre part, l'imagination, ou rêve éveillé, joue aussi un rôle fondamental, car elle produit la pensée. Ainsi, Léonard de Vinci a rêvé l'avion, le sous-marin, le char de combat, qui seront réalisées bien des siècles plus tard. " *Le Songe est savoir* " a dit PAUL VALERY. Et certains rêves ont changé le monde.

N'oublions pas, pour finir, le rêve proprement dit. Paradoxalement, à la différence des rêveries que nous venons d'évoquer, le rêve nocturne ne s'oppose pas à la réalité ni ne la dépasse. Au contraire, il s'en nourrit; les événements de la journée aussi bien que les traumatismes plus anciens de la vie lui servent de trame. Aussi, FREUD prétend-il apporter à ses patients, par la psychanalyse, une meilleure connaissance d'eux-mêmes et peut-être la guérison. *La science des rêves est la voie royale pour l'interprétation de l'inconscient.* On a le droit, aujourd'hui, de contester la valeur scientifique d'une telle analyse, largement fondée sur des a priori non démontrés.

En résumé, nous venons d'évoquer deux types majeurs de rêveries: la rêverie propice au retour sur soi-même et la rêverie source de création, dans le domaine littéraire aussi bien que scientifique.

Je conclurai sur la symbolique métaphysique du rêve, exprimée par la très belle citation du poète grec PINDARE (518 -438 avant J-C): *"L'homme est le rêve d'une ombre."* Il utilise la double métaphore du rêve et de l'ombre pour dire que l'homme est peu de chose, qu'il n'est même rien, un néant au carré, tant sa durée de vie sur terre est courte, tant son existence laisse peu ou pas de traces après son passage. Platon (428/347 av.J-C) a la même conception de l'homme lorsqu'il imagine le célèbre mythe de la caverne, dans La République. Cette idée forte traverse les siècles sans devenir banale. On la retrouve, telle quelle, chez un contemporain de Shakespeare, George Chapman, dans sa tragédie intitulée Bussy d'Amboise: " L' homme est une torche portée dans le vent; ce n'est que le rêve d'une ombre" (I,1). Enfin le titre de la pièce La vie est un songe, La vida es sueno (1636) du dramaturge espagnol Pedro Calderón de la Barca (1600/1668) ne dit pas autre chose.

Les fondements mêmes de notre existence sont ainsi remis en question. Notre vie est-elle donc une ILLUSION? La réalité onirique serait-elle plus vraie que la simple réalité? C'est, en tout cas, le sentiment que j'ai eu, un jour, devant un tableau de Picasso de la période rose, intitulé "Famille de Saltimbanques"(1905), dont les personnages peints rayonnaient d'une telle intensité émotive qu'ils donnaient l'impression que les gens autour de moi n'étaient que de pâles fantômes ...

Cercle Louis XVI. Club rhétorique. février 2023

CHAPITRE XII

L'AMBITION EST-ELLE UNE VERTU?

" Citius, altius, fortius." telle est la noble devise que Pierre de Coubertin propose à l'ambition sportive lorsqu'il crée, en 1894, les Jeux olympiques modernes. Cependant, entre la belle ambition proclamée en latin et la montée sur le podium, obtenue parfois à l'aide du dopage, il existe une contradiction que nous retrouverons, hélas, ailleurs que dans le sport.
L'ambition aurait-elle deux visages?

Commençons par évoquer les hommes dont l'ambition est admirée depuis des millénaires: les conquérants. Le premier d'entre eux, ALEXANDRE de Macédoine a conquis le monde à cheval, de la Grèce à l'Indus. Et rêvé le mariage de l'Orient et de l'Occident. Cependant, le jour où il rencontre le philosophe Diogène qui a choisi de vivre dans un total dénuement, ce futur maître du monde comprend que tout posséder équivaut à ne rien posséder. Au fameux : *"Ote toi de mon soleil!"* Alexandre aurait répliqué: *" Si je n'étais pas Alexandre, je voudrais être Diogène."* Bel hommage et belle leçon de lucidité!

L'ambition est-elle donc vaine? Non, mais la liberté totale de celui qui est détaché de tout égale la puissance de celui qui est astreint à ne rien laisser échapper à son contrôle.

L'ambitieux veut être le premier. JULES CESAR l'a dit: *"Je préfère être le premier dans mon village que le second dans Rome"*. Pour réussir, tous les moyens lui sont bons; il n'hésite pas à bafouer les lois et la morale, en jouant sa vie avec audace.*" Alea jacta est."* Il franchit le Rubicon. C'est que l'ambitieux se doit d'être aussi courageux que chanceux.

Certains grands conquérants, comme BONAPARTE, ont le sentiment intime d'être entraînés par un destin qui commande à leurs actions et qui les dépasse: *" Qui pourrait m'arrêter? Une puissance supérieure me pousse à un but que j'ignore; tant qu'il ne sera pas atteint, je serai invulnérable, inébranlable; dès que je ne lui serai plus nécessaire, une mouche suffira pour me renverser."*

Aux yeux de ceux qui les jugent, les conquérants méritent autant l'admiration pour leurs exploits hors du commun, que l'exécration pour les malheurs et les morts dont ils sont responsables.

Ainsi RABELAIS, par exemple, condamne la folie des conquêtes, à travers le personnage grotesque du mauvais roi Picrochole. Il punit ce dernier de ses exactions en le faisant devenir, à la fin de sa vie, "pauvre gagne-denier", c'est-à-dire portefaix:

Toutefois l'on m'a dit qu'il est de présent pauvre gagne-denier à Lyon, colère comme devant, et toujours se guémente (s'enquiert pitoyablement) à tous étrangers de la venue des coquecigrues, espérant certainement, selon la prophétie de la vieille, être à leur venue réintégré à son royaume. Gargantua

Dans le domaine politique, ministres, sous-ministres... aspirants-ministres sont des ambitieux. Comment distinguer les vertueux des autres?

Il suffit pour cela de relire, dans Le père Goriot de BALZAC, le discours que tient Vautrin, banquier des bagnards et futur chef de la police, à Eugène de Rastignac, modèle littéraire de tous les jeunes ambitieux. L'homme de l'ombre divise ces derniers en deux catégories. Ceux qui réussissent par leur talent: les plus rares. Et les intrigants, les cupides, les corrompus: le grand nombre.

Une rapide fortune est le problème que se proposent de résoudre en ce moment cinquante mille jeunes gens qui se trouvent tous dans votre position.Vous êtes une unité de ce nombre-là. Jugez des efforts que vous avez à faire et de l'acharnement du combat.Il faut vous manger les uns les autres comme des araignées dans un pot, attendu qu'il n'y a pas cinquante mille bonnes places. Savez-vous comment on fait son chemin ici? par l'éclat du génie ou par l'adresse de la corruption. Il faut entrer dans cette masse d'hommes comme un boulet de canon, ou s'y glisser comme une peste. L'honnêteté ne sert à rien...La corruption est en force, le talent est rare. Ainsi, la corruption est l'arme de la médiocrité qui abonde, et vous en sentirez partout la pointe.

Si l'on peut juger de la nature bonne ou mauvaise de l'ambition au regard des moyens utilisés pour réussir, on peut aussi la louer ou la condamner en fonction des buts et des résultats obtenus.

L'ambitieux qui réussit suscite l'admiration, celui qui échoue peut être pathétique. Il en est ainsi de Lucien de Rubempré, l'ambitieux raté de La Comédie humaine. Pourquoi donc Lucien échoue-t-il là où Eugène de Rastignac réussit? Tous deux, pourtant, utilisent les femmes pour parvenir à leurs fins. A une différence près cependant, et d'importance: le premier prend pour maîtresse l'épouse d'un richissime banquier parisien, quand le second choisit une provinciale qui n'est pas assez fortunée. Mais surtout, ce qui les oppose, c'est leur différence de caractère, l'un est énergique et volontaire, l'autre velléitaire et faible. Balzac, très attentif aux patronymes de ses personnages, n'a pas manqué de nous le faire comprendre par le choix des consonances de leurs noms: le R initial de Rastignac est agressif, et la finale en AC s'entend comme le bruit d'une mâchoire qui se referme sur sa proie...A l'inverse, Rubempré a un nom bien doux et pastoral pour quelqu'un qui veut se faire une place dans Paris en jouant des coudes...

Enfin, n'oublions pas que le regard porté sur l'ambition varie en fonction du statut social de celui qui juge et de celui qui est jugé.

Ainsi, STENDHAL nous montre son héros Julien Sorel, l'ambitieux du Rouge et le Noir, victime du mépris et de la haine des bourgeois qui lui reprochent, plus encore que son crime, d'avoir voulu accéder à une classe sociale supérieure. Délit impardonnable car il peut conduire à la destruction de l'ordre social tout entier fondé sur la hiérarchie.

" *Messieurs les jurés,*
Je ne vous demande aucune grâce, continua Julien en affermissant sa voix. Je ne me fais point illusion, la mort m'attend: elle sera juste.J'ai pu attenter aux jours de la femme la plus digne de tous les repects, de tous les hommages. Madame de Rênal a été pour moi comme une mère. Mon crime est atroce, et il fut PREMEDITE. J'ai donc mérité la mort, messieurs les jurés. Mais quand je serais moins coupable, je vois des hommes qui, sans s'arrêter à ce que ma jeunesse peut mériter de pitié, voudront punir en moi et décourager à jamais cette classe de jeunes gens qui, nés dans une classe inférieure et en quelque sorte opprimés par la pauvreté, ont le bonheur de se procurer une bonne éducation, et l'audace de se mêler à ce que l'orgueil des gens riches appelle la société.

Voilà mon crime, messieurs, et il sera puni avec d'autant plus de sévérité, que, dans le fait, je ne suis point jugé par mes pairs. Je ne vois point sur les bancs des jurés quelque paysan enrichi, mais uniquement des bourgeois indignés.... "

Terminons notre réflexion par la lecture d'un extrait de <u>Rome</u> d'Emile ZOLA.

Il existe, à en croire l'auteur, un sol, une ville où le désir de puissance, pousserait depuis des siècles, comme une plante native:

Rome! Le Vatican, construit au coeur de la ville éternelle, souffre de l'atavisme romain antique des Césars:

C'était Rome, la terre de Rome, cette terre où l'orgueil et la domination poussaient comme l'herbe des champs, qui avait fait de l'humble christianisme primitif le catholicisme victorieux, allié aux puis- sants et aux riches, machine géante de gouvernement, dressée pour la conquête des peuples. Les papes s'étaient réveillés Césars. Et la lointaine hérédité agissait, le sang d'Auguste avait de nouveau jailli, coulant dans leurs veines, leur brûlant le crâne d'ambitions surhumaines. Seul, Auguste avait réalisé l'empire du monde, à la fois empereur et grand pontife, maître des corps et des âmes. De là, l'éternel rêve des papes, désespérés de ne détenir que le spirituel, s'obstinant à ne rien céder du temporel, dans l'espoir séculaire, jamais abandonné, que le rêve, se réalisant encore, fera du Vatican un autre Palatin, d'où ils régneront, en despotes absolus, sur les nations conquises.(p.284)

En conclusion, nous répondrons à la question initiale d'une manière simple et tranchée: oui, l'ambition a deux visages. Elle penche du côté du vice quand elle préfère l'intérêt particulier et choisit la corruption pour arriver à ses fins. Elle est vertueuse quand elle défend l'intérêt général et se fonde sur le mérite et des qualités supérieures. Ce fut le cas pour le général de Gaulle qui eut la noble ambition d'incarner la France et de la sauver, et à propos duquel Mauriac écrivit:

" Un fou a dit: "moi, la France", et personne n'a ri parce que c'était vrai."

Cercle Louis XVI. Club rhétorique. Mars 2023.

CHAPITRE XII

Y A-T-IL DES GUERRES JUSTES?

Cette question nous conduit à porter un jugement sur la guerre. Or, le regard que l'on pose sur elle varie d'un extrême à l'autre. Ainsi la littérature, d'Homère à Ernst Jünger, sublime meurtres et destructions pour les transformer en actions exaltantes et héroïques. Inversement, le verdict sans état d'âme d'un Staline réduit la guerre à une statistique: "Le Vatican, combien de divisions?".

Il faudrait se montrer impartial, mais, selon que l'on appartient à un camp ou à l'autre, on considère les combattants tantôt comme des terroristes, tantôt comme des résistants, voire des martyrs. Par exemple, en 1943, poser une bombe sur le passage d'un train était un crime pour les Allemands, un acte de patriotisme aux yeux des Français.

Comment alors parler de justice?
Nous allons convoquer nos plus grands écrivains pour nous éclairer sur le sujet.

Dans l'Iliade, HOMERE nous raconte que la guerre de Troie est la conséquence du rapt de la belle Hélène par le berger Pâris. Mais cet enlèvement ne fournit-il pas un beau prétexte pour enclencher une guerre de conquête? La guerre de Troie est, en effet, une guerre des détroits, engagée en vue de s'assurer le contrôle de la navigation vers l'Orient. Ce récit poétique préfigure bien d'autres mensonges invoqués par des puissances impérialistes, dans le but de justifier des guerres injustes. Mais Homère n'aborde pas la question de la guerre sous l'angle de la justice. Il semble plutôt fasciné par le courage des guerriers si bien que la guerre, quoique fondée sur la violence et l'horreur, apparaît chez lui effroyablement belle :

Comme on voit, sur la cime d'un mont, un lion et un sanglier, remplis d'un fier courage, lutter et le lion triompher au combat du sanglier puissant, qui péniblement souffle: ainsi le Priamide Hector, avec sa lance, de près ôte la vie au fils de Ménoetios, vaillant preux qui lui-même a fait périr tant d'hommes.Puis il marche sans tarder, la javeline au poing, vers Automédon, le divin écuyer de l'agile Eacide. Il voudrait le frapper, mais l'autre est emporté par ses chevaux rapides, ses immortels chevaux, brillants cadeaux offerts par les dieux à Pélée. Iliade Chant XVI

Homère n'aborde pas la question de la guerre sous l'angle de la morale. Il présente le conflit comme le résultat de la volonté des dieux contre lesquels les hommes sont impuissants. " *La machine infernale"*, ainsi que l'appelle Jean Cocteau, est lancée. Rien ne pourra l'arrêter.

Les historiens, quant à eux, ne doivent porter aucun jugement moral sur l'histoire qu'ils étudient. Thucydide, par exemple, ne dit pas si la guerre du Péloponnèse est juste ou non; il cherche seulement à faire comprendre à ses lecteurs son origine: la crainte que l'impérialisme athénien inspirait aux Spartiates, et il en montre les conséquences: le déclin et la chute d'Athènes. Ce faisant, il démontre, "sub specie aeternitatis", que les guerres dépendent du génie ou de l'incurie des stratèges, et que, loin de répondre aux exigences de la justice, ces dernières sont également sujettes à des impondérables et que le hasard décide souvent de l'issue des batailles...

Le poète comique Aristophane, lui, répond clairement par la négative à notre question initiale. Dans Lysistrata, il met en scène des Athéniennes qui, soucieuses de préserver la vie de leurs maris et de leurs fils, imaginent comme chantage efficace de se refuser à leurs époux pour empêcher la guerre. L'auteur condamne donc la guerre sans appel, parce qu'elle porte atteinte au souverain bien, la vie.

Cette idée fondamentale se retrouve, toujours sur le mode comique, dans le Gargantua de RABELAIS. Frère Jean des Entommeures *"vrai moine si oncques en fut depuis que le monde moinant moina de moinerie"* se déchaîne furieusement contre les soldats du mauvais roi Picrochole qui veulent s'en prendre aux vignes et donc à la prochaine récolte de son abbaye.

Il exhorte d'abord au combat les autres moines qui sont en prières : *"C'est, dit-il, bien chant chianté. Vertus Dieu! que ne chantez-vous: adieu paniers, vendanges sont faites? Je me donne au diable s'ils ne sont en notre clos, et tant bien coupent et ceps et raisins qu'il n'y aura, par le corps Dieu! de quatre années que halleboter (*grappiller*) dedans. Ventre saint Jacques! Que boirons-nous cependant, nous autres pauvres diables? Seigneur Dieu, da mihi potum!* (donne-moi à boire)."*

Lors dit le prieur claustral: "Que fera cet ivrogne ici? Qu'on me le mène en prison. Troubler ainsi le service divin!"

"- Mais, dit le moine, le service du vin, faisons tant qu'il ne soit troublé, car vous-même, monsieur le prieur, aimez boire du meilleur: si fait tout homme de bien....Ecoutez, Messieurs, vous autres: qui aime le vin-le corps Dieu, si me suive!" (qu'il me suive!)

L'auteur s'amuse à jouer sur la double signification du vin, boisson de ceux qui aiment bien vivre et symbole du sang du Christ dans la transsubstantiation.

Et frère Jean se lance dans la bataille: *Es uns écrabouillait la cervelle, ès autres rompait bras et jambes, ès autres délochait les spondyles du col, ès autres démoulait les reins, avalait le nez, pochait les yeux, fendait les mandibules, enfonçait les dents en la gueule, décroulait les omoplates, sphacelait les grèves (* brisait les jambes), *dégondait les ischies* (déboîtait les hanches), *débezillait les faucilles (*mettait en pièces les os des bras et des jambes).

Les uns criaient: " Sainte Barbe!", les autres " Saint Georges!"les autres: "Sainte Nitouche!"... Les uns mouraient sans parler, les autres parlaient sans mourir, les uns mouraient en parlant, les autres parlaient en mourant.

Par cette tuerie si drolatique, ce combat jubilatoire de frère Jean des Entommeures pour sauver son vin, Rabelais célèbre, de manière paradoxale et d'autant plus efficace, le triomphe de la vie sur la mort.

Louis-Ferdinand CELINE, peut-être parce qu'il est médecin comme Rabelais et attaché à sauver des vies, condamne lui aussi la guerre comme mal absolu. La question dépasse le problème du juste ou de l'injuste. Céline met en évidence, dans le <u>Voyage au bout de la nuit</u>, la FOLIE collective des hommes, folie meurtrière autant que suicidaire, face à laquelle la lâcheté est la réponse légitime d'un individu raisonnable, qui n'aspire qu'à vivre. Ainsi le désir de s'enfuir de l'anti-héros Bardamu, engagé dans la guerre de 14-18, paraît-il une réaction tout à fait naturelle et même louable à l'auteur, le cuirassier Destouches, qui reçut, pourtant, on s'en souvient, la croix de guerre pour conduite héroïque.

Serais-je donc le seul lâche sur la terre? pensais-je. Et avec quel effroi! ...Perdu parmi deux millions de fous héroïques et déchaînés et armés jusqu'aux cheveux? Avec casques, sans casques, sans chevaux, sur motos, hurlants, en autos, sifflants, tirailleurs, comploteurs, volants, à genoux, creusant, se défilant, caracolant dans les sentiers, pétaradant, enfermés sur la terre comme dans un cabanon, pour y tout détruire, Allemagne, France et Continents, tout ce qui respire, détruire, plus enragés que les chiens, adorant leur rage (ce que les chiens ne font pas), cent, mille fois plus enragés que mille chiens et tellement plus vicieux! Nous étions jolis! Décidément, je le concevais, je m'étais engagé dans une croisade apocalyptique. On est puceau de l'Horreur comme on l'est de la volupté. Comment aurais-je pu me douter moi de cette horreur en quittant la place Clichy? Qui aurait pu prévoir, avant d'entrer vraiment dans la guerre, tout ce que contenait la sale âme héroïque et fainéante des hommes? A présent, j'étais pris dans cette fuite en masse, vers le meurtre en commun, vers le feu... ça venait des profondeurs et c'était arrivé.

Abordons maintenant un cas particulier. Est-il juste de faire la guerre au nom de Dieu? Le cinquième commandement: "Tu ne tueras point" répond à la question de manière catégorique mais, hélas, toute théorique. Chrétiens et musulmans, catholiques et protestants ont oublié la parole de Dieu, au cours de l'histoire de l'humanité. Pourquoi?
Parce que l'homme est un loup pour l'homme et que, sur terre, règne la lutte de tous contre tous, comme le dit Hobbes. Dès lors, la guerre n'est plus imputable au destin, à la fatalité, mais à la méchanceté foncière de la nature humaine.

C'est la démonstration que fait VOLTAIRE au chapitre III de Candide.

Rien n'était si beau, si leste, si brillant, si bien ordonné que les deux armées. Les trompettes, les fifres, les hautbois, les tambours, les canons, formaient une harmonie telle qu'il n'y en eut jamais en enfer. Les canons renversèrent d'abord à peu près six mille hommes

de chaque côté; ensuite la mous- queterie ôta du meilleur des
mondes environ neuf à dix mille coquins qui en infestaient la surface.
La baïonnette fut aussi la raison suffisante de la mort de quelques
milliers d'hommes. Le tout pouvait bien se monter à une trentaine de
mille âmes. Candide, qui tremblait comme un philosophe, se cacha
du mieux qu'il put pendant cette boucherie héroïque.

Enfin, tandis que les deux rois faisaient chanter des Te Deum,
chacun dans son camp, il prit le parti d'aller raisonner ailleurs des
effets et des causes. Il passa par-dessus des tas de morts et de
mourants, et gagna d'abord un village voisin; il était en cendres;
c'était un village abare que les Bulgares avaient brûlé, selon les lois
du droit public. Ici des vieillards criblés de coups regardaient mourir
leurs femmes égorgées, qui tenaient leurs enfants à leurs mamelles
sanglantes; là des filles, éventrées après avoir assouvi les besoins
naturels de quelques héros, rendaient les derniers soupirs; d'autres,
à demi brulées, criaient qu'on achevât de leur donner la mort. Des
cervelles étaient répandues sur la terre à côté de bras et de jambes
coupés.

Candide s'enfuit au plus vite dans un autre village: il appartenait à
des Bulgares; et les héros abares l'avaient traité de même.

Voltaire insiste sur la barbarie de la guerre. Elle transforme une
armée rutilante et bien ordonnée en pauvres groupes humains
victimes du chaos et fait de prétendus héros de sinistres bouchers.
Le philosophe n'a pas choisi au hasard les noms des peuples en
conflit: Abares et Bulgares riment avec barbares. Les deux camps qui
se font la guerre, sans distinction, se comportent comme des
BARBARES. La guerre rompt avec la civilisation.

Si les guerres de conquête sont injustifiables, si le désir de s'emparer par la force du bien d'autrui ne peut avoir d'excuse sur le plan moral, qu'en est-il des guerres défensives? Le droit de défendre le sol de sa patrie peut-il être mis en question? Non. Ce droit est inaliénable, en tout temps, en tout lieu.

C'est même un devoir. Et, quand la gloire s'en mêle, exaltée par la rhétorique, s'écrivent les plus célèbres pages de notre histoire, comme en témoignent les bulletins de la campagne d'Italie du général BONAPARTE, campagne destinée, au départ, à défendre la nouvelle République française contre l'Empereur d'Autriche.

" *Soldats! Vous avez en quinze jours remporté six victoires, pris vingt-et-un drapeaux, cinquante-cinq pièces de canon, plusieurs places fortes, et conquis la partie la plus riche du Piémont....Dénués de tout, vous avez suppléé à tout. Vous avez gagné des batailles sans canon, passé des rivières sans ponts, fait des marches forcées sans souliers, bivouaqué sans eau-de-vie et souvent sans pain. Les phalanges républicaines, les soldats de la liberté étaient seuls capables de souffrir ce que vous avez souffert! Grâces vous soient rendues, soldats!* "

Charles PEGUY a aussi exalté l'amour de la patrie, qui va jusqu'au sacrifice suprême, dans ses deux dimensions. A la fois charnelle: on meurt pour défendre la terre de ses aïeux. Et mystique: on combat avec l'aide de Dieu. Je cite deux quatrains, extraits d'<u>Eve</u>

Heureux ceux qui sont morts pour la terre charnelle
Mais pourvu que ce fût dans une juste guerre.
Heureux ceux qui sont morts pour quatre coins de terre.
Heureux ceux qui sont morts d'une mort solennelle.

90

Heureux ceux qui sont morts dans les grandes batailles,
Couchés dessus le sol à la face de Dieu.
Heureux ceux qui sont morts sur un dernier haut lieu,
Parmi tout l'appareil des grandes funérailles.

Concluons notre propos. Certaines représentations héroïques peuvent être grisantes, mais la réalité de la guerre est toujours atroce, nauséabonde et tragique. La guerre patriotique elle-même, pour juste qu'elle soit, n'échappe pas à l'horreur des souffrances, des destructions et de la mort. Elle marque à jamais, dans leur chair, tous ceux qui l'ont vécue.

Les plus grands écrivains et penseurs ont compris que la guerre est un crime contre l'humanité, que le meurtre, même autorisé, est un acte qui fait désespérer de l'homme. L'abbé de Saint-Pierre, Kant ont écrit chacun un Projet de paix perpétuelle. Hugo, Tolstoï, Gandhi ont prêché le pacifisme. Mais en vain. "V*ox clamantis in deserto.*"

Aussi faut-il déplorer que tous les pays de la terre ne concluent pas entre eux des traités semblables à celui de Fribourg, unique en son genre, signé le 29 novembre 1516 entre François Ier et la Confédération des treize cantons suisses, et plus connu sous le nom de "TRAITE DE PAIX PERPETUELLE." VIGNY a écrit dans le même sens: *Il n'est point vrai que "la terre soit avide de sang".*

La guerre est maudite de Dieu et des hommes même qui la font et qui ont d'elle une secrète horreur, et la terre ne crie au ciel que pour lui demander l'eau fraîche de ses fleuves et la rosée pure de ses nuées.
Servitude et grandeur militaire

Cercle Louis XVI. Club rhétorique. Avril 2023

CHAPITRE XIV

L'AMOUR EST-IL UN OISEAU REBELLE ?

La mythologie latine représente l'amour sous les traits de la déesse Vénus. Mais, plaçant la beauté au coeur du sentiment amoureux, elle donne de ce dernier une image un peu trop idéalisée et réductrice pour en rendre la complexité et le versant obscur. L'amour présente de multiples visages. Il en existe de toutes sortes: l'amour fou, l'amour faux, les amours d'enfance et de vacances, l'amour heureux ou malheureux, passionnel ou passager, le grand amour et les amours mortes, platonique ou réciproque, naissant, finissant, conjugal, filial, fatal, vénal, occasionnel, sensuel, fraternel, maternel, paternel, éternel, sempiternel et...rebelle? L'amour est-il un oiseau rebelle? Cette question interroge sur la versatilité de l'amour que nous allons envisager sous son angle littéraire.

La métaphore de l'oiseau rebelle, qui refuse de rester enfermé dans une cage, est empruntée à la Carmen de BIZET, opéra donné pour la première fois en 1875. Carmen, l'héroïne éponyme, chante:

Quand je vous aimerai?...ma foi, je ne sais pas...
Peut-être jamais, peut-être demain;
Mais pas aujourd'hui, c'est certain!

L'amour est un oiseau rebelle
Que nul ne peut apprivoiser,
Et c'est bien en vain qu'on l'appelle

S'il lui convient de refuser.
Rien n'y fait, menace ou prière;
L'un parle bien, l'autre se tait,
Et c'est l'autre que je préfère;
Il n'a rien dit, mais il me plaît.

L'amour est enfant de Bohême,
Il n'a jamais, jamais connu de loi;

Si tu ne m'aimes pas, je t'aime;
Si je t'aime, prends garde à toi!...
L'oiseau que tu croyais surprendre
Battit de l'aile et s'envola...
L'amour est loin, tu peux l'attendre;
Tu ne l'attends plus, il est là...
Tout autour de toi, vite, vite,
Il vient, s'en va, puis il revient...
Tu crois le tenir, il t'évite;
Tu crois l'éviter, il te tient!

L'amour est enfant de Bohême,

Il n'a jamais connu de loi;
Si tu ne m'aimes pas, je t'aime;
Si je t'aime, prends garde à toi!

Cette Carmen, inspirée d'une nouvelle de Mérimée (1847), est une bohémienne. Comme le veut la tradition, elle est avide de liberté, prend pour amant qui lui plaît et refuse d'obéir à Don José qui voudrait, en vain, qu'elle lui soit fidèle. Fou de jalousie, il finit par la tuer.

Par son refus de se plier aux lois de la société, par son désir de liberté totale, qui va jusqu'à préférer la mort aux chaînes du mariage, Carmen est devenue l'incarnation romanesque et exotique de l'amour indomptable.

Il existe d'autres Carmen en littérature.

Dans L'amour impossible de BARBEY D'AUREVILLY, Madame de Gesvres, dont Monsieur de Maulévrier est amoureux, est capricieuse et se joue de lui. Voici ce que pense l'auteur de ce type de femmes séductrices et insaisissables:

Femme sans unité, aussi étrange que la Chimère antique, Protée,
caméléon, le diable en personne, c'était la plus grande tourmenteuse
d'âmes qui eût peut-être jamais existé...On y perdait son coeur, on y
brûlait son bonnet; les plus habiles s'y trouvaient pris comme les
plus tendres. Bien des hommes avaient essayé. Bien des esprits,
abusés par l'histoire, en avaient voulu faire, pour le siècle, une
espèce de Ninon de Lenclos...Arrivé à cette intoxication de
sentiments qui tenait du charme, il n'y avait qu'un moyen violent
d'en sortir à son honneur: c'était de tuer la sorcière, d'étouffer cet

impatient génie, cet Attila femelle en robe tombante.
Malheureusement, à une certaine hauteur sociale, on ne tue pas les
femmes à Paris.

Voici une autre amoureuse, tout aussi insupportable ou attirante, selon les points de vue: Mathilde de la Môle, héroïne du <u>Rouge et le Noir</u> de STENDAL, jeune fille de la haute aristocratie parisienne. Elle repousse l'amour du marquis de Croisenois, trop bien élevé, qui l'ennuie, et lui préfère Julien Sorel, un plébéien qui a le front de lui tenir tête.

Une fille de ma naissance, et avec le caractère chevaleresque que l'on veut bien m'accorder (c'était un mot de son père), ne doit pas se conduire comme une sotte. N'est-ce pas le rôle que je jouerais si j'aimais le marquis de Croisenois? J'aurais une nouvelle édition du bonheur de mes cousines, que je méprise si complètement. Je sais d'avance tout ce que me dirait le pauvre marquis, tout ce que j'aurais à lui répondre. Qu'est-ce qu'un amour qui fait bâiller? Autant vaudrait être dévote.
Elle fait monter son amant par la fenêtre jusqu'à sa chambre pendant deux nuits, mais ne lui adresse plus la parole le troisième jour.

A l'opposé dans l'échelle sociale, Nana, l'héroïne des bas-fonds chez Zola, offre son amour au gré de ses caprices. Elle prend pour amant puis repousse le malheureux comte Muffat qui la comble de cadeaux; ensuite, elle s'amourache d'un méchant acteur comique qui la bat et la fait retomber dans la misère.

Au XXème siècle, des femmes de lettres libérées ont inventé des personnages en rébellion: Colette a imaginé la jeune Claudine, qui lui ressemble si fort; Marguerite Duras s'est créé un double, l'adolescente de L'Amant. Fille de colons désargentés, elle se donne à un riche Chinois mais lui refuse avec cynisme l'amour qu'il lui mendie. SIMONE DE BEAUVOIR théorise sur la question de la liberté en amour: *L'amour authentique devrait être fondé sur la reconnaissance réciproque de deux libertés: aucun n'abdiquerait sa transcendance, aucun ne se mutilerait.*

Ces auteurs ont appliqué leurs principes dans leur vie personnelle et défrayé ainsi la chronique par leurs amours scandaleuses. Leurs écrits et leur conduite, totalement en rupture avec les conventions sociales de l'époque, ont contribué à l'émergence des premières revendications féministes en matière d'égalité homme/femme, et de liberté sexuelle.

La liberté en amour a aussi son versant masculin: Don Juan. Voici la célèbre tirade de l'Acte I du Dom Juan de MOLIERE:
Quoi! Tu veux donc qu'on se lie à demeurer au premier objet qui nous prend, qu'on renonce au monde pour lui, et qu'on n'ait plus d'yeux pour personne? La belle chose de voukoir se piquer d'un faux honneur d'être fidèle, de s'ensevelir pour toujours dans une passion, et d'être mort dès sa jeunesse à toutes les autres beautés qui nous peuvent frapper les yeux! Non, non, la constance n'est bonne que pour des ridicules; toutes les belles ont droit de nous charmer, et l'avantage d'être rencontrée la première ne doit point dérober aux autres les justes prétentions qu'elles ont toutes sur nos coeurs. Pour moi, la beauté me ravit partout où je la trouve, et je cède facilement à cette douce violence dont elle nous entraîne. J'ai beau être engagé,

l'amour que j'ai pour une belle n'engage point mon âme à faire injustice aux autres; je conserve des yeux pour voir le mérite de toutes, et rends à chacune les hommages et les tributs où la nature nous oblige. Quoiqu'il en soit, je ne puis refuser mon coeur à tout ce que je vois d'aimable; et, dès qu'un beau visage me le demande, si j'en avais dix mille, je les donnerais tous...il n'est rien de si doux que de triompher de la résistance d'une belle personne; et j'ai, sur ce sujet, l'ambition des conquérants, qui volent perpétuellement de victoire en victoire, et ne peuvent se résoudre à borner leurs souhaits. Il n'est rien qui puisse arrêter l'impétuosité de mes désirs: je me sens un coeur à aimer toute la terre; et, comme, Alexandre, je souhaiterais qu'il y eût d'autres mondes pour y pouvoir étendre mes conquêtes amoureuses.

Attention à ne pas confondre la liberté de Carmen avec le libertinage de Don Juan, qui, loin de se ressembler, s'opposent. La bohémienne, pleinement libre, agit selon son instinct et conformément aux lois non écrites de son peuple. Elle ne nous apparaît rebelle que parce que son comportement n'est pas conforme à nos propres moeurs. A l'inverse, Don Juan est esclave de sa sensualité et du caractère insatiable de ses désirs, comme le montre l'accumulation de ses conquêtes. Et à l'inverse de Carmen, il se révolte contre la société et la religion qui sont les siennes: il n'en finit pas de régler ses comptes avec sa femme, son père, ses fournisseurs et Dieu lui-même qu'il défie jusqu'à en mourir.

Ainsi Carmen est rebelle en amour par tradition, Don Juan par refus des traditions.

Enfin, il existe une dimension sadique et paradoxale dans l'amour rebelle. Bohème, volage, libéré de toute entrave pour lui-même, attaché à sa propre liberté, il prive l'autre de la sienne en le rendant esclave de sa passion. Ce dernier devient une victime soumise et souffrante. Ainsi, pour reprendre quelques exemples précédents, Don José est poussé à la déchéance et au crime, Dona Elvire entre au couvent, le Chinois se détruit par la consommation d'opium. L'image de l'oiseau rebelle, en ne prenant en compte qu'une seule facette de cet amour, fait oublier l'autre, destructrice et cruelle:

" Si tu m'aimes, prends garde à toi."

Nous conclurons sur l'ambivalence de la métaphore de l'AMOUR-OISEAU. Ou bien rebelle, libre, il vole de conquête en conquête. Ou bien fragile et soumis, il reste prisonnier de sa cage. La volière est, d'ailleurs, le gracieux symbole que choisit Stendhal, dans <u>La Chartreuse de Parme</u>, pour évoquer l'amour en prison entre le beau Fabrice del Dongo et Clelia Conti, la ravissante fille du directeur de la forteresse. Celle-ci vient, chaque jour, dans la volière de la tour Farnèse, nourrir ses oiseaux et regarder le prisonnier qui se trouve enfermé à quelques mètres d'elle, dans "une cage en bois" (l'expression est de l'auteur).

Une passion naît entre les deux jeunes gens explicitement comparés à des oiseaux en cage. Mais ils ont beau être prisonniers derrière les barreaux de leurs fenêtres, ils sont libres de s'aimer, en tête à tête, seuls au monde.

C'est ainsi que la métaphore de l'oiseau nous conduit de l'amour rebelle à l'amour fidèle.

Cercle Louis XVI. Club rhétorique. mai 2023.

CHAPITRE XV

LA COQUETTERIE N'EST-ELLE QU'UNE AFFAIRE DE FEMMES?

Le sujet est léger. Commençons donc par l'étymologie amusante proposée par Balzac: il nous dit que "coquetterie" vient de coq, car le coquet, comme le coq, aime plaire "aux poulettes"de sa basse-cour. Ainsi, on voit dès l'abord que la coquetterie n'est pas uniquement féminine. Nous ne parlerons d'ailleurs pas de celle-ci, tant elle paraît aller de soi. Aujourd'hui est un gentlemen's day.
Cherchons donc à savoir à quoi ressemble la coquetterie masculine.

Les tenues vestimentaires recherchées sont une arme pour séduire les femmes. Mais elles ne sont pas du goût de tout le monde et en particulier du misanthrope Alceste. Celui-ci, jaloux et atrabilaire, accuse Célimène de se laisser séduire par des apprêts qui lui paraissent ridicules. Voici ce qu'il lui dit:

"Mais au moins dites-moi, Madame, par quel sort
Votre Clitandre a l'art de vous plaire si fort
Sur quels fonds de mérite et de vertu sublime
Appuyez-vous en lui l'honneur de votre estime?
Est-ce par l'ongle long qu'il porte au petit doigt
Qu'il s'est acquis chez vous l'estime où on le voit?
Vous êtes-vous rendue, avec tout le beau monde,
Au mérite éclatant de sa perruque blonde?
Sont-ce ses grands canons• qui vous le font aimer?
L'amas de ses rubans a-t-il su vous charmer?
Est-ce par les appâts de sa vaste rhingrave•.
Qu'il a gagné votre âme en faisant votre esclave?" II,1
(canon: rubans noués au-dessus du genou et formant un, deux ou trois étages.
Rhingrave: sorte de jupe-culotte "attachée au bas avec plusieurs rubans" mise à la mode par un rhin- grave ou prince allemand.)
MOLIERE Le Misanthrope

Mais le malheureux atrabilaire n'a aucune chance de convaincre la jeune coquette qui se moque de lui et de sa tenue démodée en le surnommant: *"l'homme aux rubans verts"* (V,4). Il est d'ailleurs probable que cette faute de goût est, aux yeux de Célimène, plus impardonnable que le mauvais caractère de son soupirant.

En accusant la frivolité des hommes de cour, Alceste met aussi en cause la frivolité des femmes à qui ils plaisent. La frivolité est bien le défaut le plus manifeste que l'on peut reprocher à la coquetterie.

Au XIX ème siècle, l'homme du monde est toujours aussi coquet. En voici un bel exemple trouvé dans A un dîner d'athées de BARBEY D'AUREVILLY:

Comme on était au matin encore, Mesnilgrand portait un amour de redingote noire, et il était cravaté (comme on se cravatait alors) d'un foulard blanc, de nuance écrue, semé d'imperceptibles étoiles d'or brodées à la main. Etant chez lui, il ne s'était pas botté. Son pied nerveux et fin, qui faisait dire: "Mon prince !" aux pauvres assis aux bornes des rues quand il passait près d'eux, était chaussé de bas de soie à jour et de ces escarpins, très découverts et à talon élevé, qu'affectionnait Chateaubriand, l'homme le plus préoccupé de son pied qu'il y eût alors en Europe, après le grand duc Constantin. Sa redingote ouverte, coupée par Staub, laissait voir un pantalon de prunelle à reflets scabieuse et un simple gilet de casimir noir à châle, sans chaîne d'or; car, ce jour-là, Mesnilgrand n'avait de bijoux d'aucune sorte, si ce n'est un camée antique d'un grand prix, représentant la tête d'Alexandre...

Le héros stendhalien Julien Sorel sait bien lui aussi que la tenue vestimentaire est une sorte de langage, indispensable pour plaire aux femmes. Aimé puis repoussé par Mathilde de la Môle, il impute son échec auprès d'elle à son manque d'élégance, lorqu'il compare son vêtement au costume du prince russe Korasoff:

Comme son pantalon va bien; avec quelle élégance ses cheveux sont coupés! Hélas! Si j'eusse été ainsi, peut-être qu'après m'avoir aimé trois jours, elle ne m'eût pas pris en aversion.

Attention! Sachons voir dans cette remarque ironique le regard amusé de l'auteur sur son personnage.

Pour STENDHAL qui rêve de passion amoureuse à l'italienne, il est évidemment ridicule de croire qu'une coupe de pantalon peut décider d'un véritable amour!

Le vêtement et la coquetterie jouent aussi un rôle dans le domaine de la réussite sociale. Pour satisfaire son ambition, Bel-Ami, héros de MAUPASSANT, a besoin, avant de se rendre à une invitation mondaine, de louer un habit, comme le lui conseille son ami, le journaliste Forestier.

Forestier fut stupéfait:
"Tu n'as pas d'habit? Bigre! En voilà une chose indispensable pourtant. A Paris, vois-tu, il vaudrait mieux n'avoir pas de lit que pas d'habit.".....
Il montait lentement les marches, le coeur battant, l'esprit anxieux, harcelé surtout par la crainte d'être ridicule; et, soudain, il aperçut en face de lui un monsieur en grande toilette qui le regardait. Ils se trouvaient si près l'un de l'autre que Duroy fit un mouvement en arrière, puis il demeura stupéfait: c'était lui-même, reflété par une haute glace en pied qui formait sur le palier du premier une longue perspective de galerie. Un élan de joie le fit tressaillir tant il se jugea mieux qu'il n'aurait cru....
Mais voilà qu'en s'apercevant brusquement dans la glace, il ne s'était même pas reconnu; il s'était pris pour un autre, pour un homme du monde, qu'il avait trouvé fort bien, fort chic, au premier coup d'oeil.
En arrivant au second étage, il aperçut une autre glace et ralentit sa marche pour se regarder passer. Sa tournure lui parut vraiment

élégante. Il marchait bien. Et une confiance immodérée en lui-même emplit son âme. Certes, il réussirait avec cette figure-là et son désir d'arriver, et la résolution qu'il se connaissait et l'indépendance de son esprit. Bel Ami

Il ne faut pas prendre l'attitude satisfaite de Duroy pour un simple narcissisme. Certes, comme une femme devant son miroir, qui se trouve jolie, il a une réaction d'amour propre aiguë. Mais il comprend que la coquetterie est aussi une arme efficace et même redoutable pour arriver à ses fins: séduire une femme riche et devenir un homme puissant. Le coquet et l'ambitieux se rejoignent...

Venons en maintenant à l'homme coquet par excellence: le dandy!

Des écrivains parlent de son côté féminin: *homme frivole, le dandy est une femme par certains côtés* écrit Barbey d'Aurevilly dans Du dandysme et de George Brummel.

BALZAC incarne cette idée dans Henry de Marsay, héros de La fille aux yeux d'or, le plus élégant "lion" de Paris, dont *la suave figure n'eût pas dépravé le corps de la plus belle des femmes.*

BAUDELAIRE, au chapitre IX du Peintre de la vie moderne, propose, quant à lui, une théorie circonstanciée du dandysme. Celui-ci existe depuis l'Antiquité:

Le dandysme est une institution vague, aussi bizarre que le duel; très ancienne, puisque César, Catilina, Alcibiade nous en fournissent des types éclatants...

Il s'impose ses propres règles :

Le dandysme, qui est une institution en dehors des lois, a des lois rigoureuses auxquelles sont strictement soumis tous ses sujets, quelles que soient d'ailleurs la fougue et l'indépendance de leur caractère.

Le dandy doit être nécessairement *riche, oisif, élevé dans le luxe* pour se consacrer à son culte du beau.

Les romanciers anglais ont d'abord pris soin, et très judicieusement, de doter leurs personnages de fortunes assez vastes pour payer sans hésitation toutes leurs fantaisies; ensuite ils les ont dispensés de toute profession. Ces êtres n'ont pas d'autre état que de cultiver l'idée du beau dans leur personne, de satisfaire leurs passions, de sentir et de penser. Ils possèdent ainsi, à leur gré et dans une vaste mesure, le temps et l'argent, sans lesquels la fantaisie, réduite à l'état de rêverie passagère, ne peut guère se traduire en action.

Le dandy a le sentiment de sa supériorité aristocratique:

Le dandysme n'est même pas un goût immodéré de la toilette et de l'élégance matérielle. Ces choses ne sont pour le parfait dandy qu'un symbole de la supériorité aristocratique de son esprit. Aussi, à ses yeux, épris avant tout de distinction, la perfection de la toilette consiste-t-elle dans la simplicité absolue, qui est, en effet, la meilleure manière de se distinguer....

Le dandy a le désir d'être différent du commun des mortels:

C'est avant tout le besoin ardent de se faire une originalité, contenu dans les limites extérieures des convenances. C'est une espèce de culte de soi-même, qui peut survivre à la recherche du bonheur à trouver dans autrui, dans la femme, par exemple; qui peut survivre même à tout ce qu'on appelle les illusions.

Le dandy se pose en héros qui lutte contre la vulgarité et la décadence:

De là naît, chez les dandys, cette attitude hautaine de caste provocante, même dans sa froideur.

Le dandysme est le dernier éclat d'héroïsme dans les décadences. Mais, hélas! la marée montante de la démocratie, qui envahit tout et qui nivelle tout, noie jour à jour ces derniers représentants de l'orgueil humain et verse des flots d'oublisur les traces de ces prodigieux Myrmidons.

Voilà un portrait bien flatteur proposé par un artiste lui-même dandy! Il nous ferait presque oublier que le dandysme est fondé sur la vanité, c'est à dire étymologiquement parlant, sur du vide: "vanus". Ou du moins quelque chose d'éphémère et superficiel. Le miroir dans lequel s'admire le coquet ne garde nulle trace de ce qui lui a demandé tant d'efforts de coquetterie.

La coquetterie dépend tout entière de la mode qui, par nature, varie et n'est pas toujours du meilleur goût, comme le dit BALZAC dans son <u>Code de la toilette</u>:

La mode est la reine du monde! ....

Si l'on recherchait dans les annales de la mode toutes les bizarreries, les sottises, les ridicules qu'elle a fait peser sur l'espèce humaine, on serait jeté dans un profond étonnement.

Au reste, si la mode commet parfois quelques méprises, elle en fait promptement justice: c'est une vieille coquette qui se peut tromper, mais à qui son inconstance fait bientôt réparer son erreur.

Amusons-nous à citer parmi les bizarreries de la mode masculine: les culottes trop moulantes sous Henri III, la fraise sous Henri IV qui devient si large qu'on doit y renoncer, la perruque qui gagne en volume sous Louis XIV, et aujourd'hui, le tatouage, les jeans troués...

Cette affectation vestimentaire a un but sérieux: fuir le naturel. Notre sujet qui paraissait de prime abord léger, nous amène au coeur d'un vaste débat philosophique: l'opposition entre nature et culture. A qui revient la primauté? Pour le dandy, comme pour l'artiste, la préférence va à la transmutation et à l'embellissement du réel par l'homme.

Baudelaire pousse très loin ce goût de l'artifice et de l'artificiel, dans son <u>Eloge du maquillage</u>, comme en témoigne ce cri stupéfiant de misogynie: *La femme est naturelle, c'est-à-dire abominable. Aussi est-elle toujours vulgaire, c'est à dire le contraire du dandy.*

Enfin, le raffinement vestimentaire d'un homme peut être le reflet de son homosexualité, ainsi qu'on le voit dans certains personnages de PROUST qu'il appelle "hommes-femmes" et dont le plus connu est le baron Palamède de Charlus.

Concluons. Les dandys, fruit d'une société aristocratique qui s'ennuie, apparaissent frivoles, mais épris de beauté. Leur désir de se singulariser peut les entraîner dans deux voies diamétralement opposées.

La première est celle que le •"beau" Brummell évoque dans une formule paradoxale : *"Pour être bien mis, il ne faut pas être remarqué."* Idée reprise par Balzac : *"Avant d'être mis à la mode, il faut être bien mis; l'homme de goût pare ce qu'il porte, bien plutôt qu'il n'en est paré."*

La seconde voie, inversement, conduit à l'excentricité, illustrée, entre autres, par Baudelaire qui, un jour, s'était fait teindre les cheveux en bleu et se promenait avec un homard en laisse; lointain souvenir, peut-être, du bel Alcibiade qui exhibait un chien de grand prix à qui il avait fait couper la queue pour se faire remarquer......

Cercle Louis XVI. Club rhétorique. novembre 2023

•*adjectif anglais signifiant élégant, dandy, petit-maître*

CHAPITRE XVI

QUI VEUT LA PAIX DOIT-IL PREPARER LA GUERRE ?

"Si vis pacem, para bellum": la maxime latine est bien connue. Sa célébrité, en apportant, pour ainsi dire, une garantie de vérité au propos, le transforme en une évidence irréfutable. Or il n'en est rien, selon nous. Nous allons, en effet, montrer qu'il s'agit là d'un mensonge tragique. Comment la paix, synonyme de prospérité, de bonheur et de civilisation, pourrait-elle être la conséquence d'un état de violence, de destruction, de barbarie?

A Rome, on rendait un culte à la Paix divinisée, brûlant d'une main les instruments de la guerre et portant de l'autre les fruits de la tranquillité. Elle avait un autel," l'ara pacis", édifié par l'empereur Auguste, dans le but de faire accroire au "vulgum pecus" que la paix est une préoccupation des princes. En son honneur, les portes du temple de Mars, dieu de la guerre, étaient fermées quand l'Empire ne connaissait pas de conflits, soit deux ans seulement sur 400 ans d'existence...C'est dire si l'adage: "Si vis pacem, para bellum" révèle son inanité. Non, la paix n'est pas le fruit heureux de la guerre préventive, elle est son contraire, un état rarissime et fragile, comme l'écrit VOLTAIRE dans sa conclusion de l'Essai sur les moeurs: " *Il faut donc, encore une fois, avouer qu'en général toute cette histoire (de l'humanité) est un ramas de crimes, de folies, et de malheurs, parmi lesquels nous avons vu quelques vertus, quelques temps heureux, comme on découvre des habitations répandues çà et là dans les déserts sauvages.* "

CHURCHILL dit de même: " *L'histoire de la race humaine, c'est celle de la guerre. A part quelques brefs et précaires interludes, il n'y a jamais eu de paix dans le monde.* "

Nous en concluons donc que l'injonction "para bellum" se présente sous un jour fallacieusement favorable comme un remède, alors que l'état quasi permanent de guerre est une maladie incurable.

Et l'invocation à la paix, "si vis pacem", est tout aussi malhonnête puisqu'elle a pour but de conférer une valeur morale au déclenchement d'une guerre. Pour ce faire, on se plaît à doter la paix à venir d'habits magnifiques. Autrefois, civiliser et christianiser les barbares ou les indigènes; aujourd'hui, défendre les droits de l'homme. Comme si le massacre de populations entières pouvait avoir une justification humaniste! Souhaiter la paix a donc servi, dans l'histoire des hommes, de paravent honorable à une réalité infernale où les souffrances et la mort d'innocents sont l'objet d'un déni, justifié par un mensonge.

Loin d'apporter la paix, la guerre enfante la guerre, comme, chez les individus, la violence provoque la violence en retour. La promesse d'une paix future n'est, en réalité, qu'un prétexte pour justifier la guerre et en dissimuler les véritables raisons, qui sont le désir de conquête, le pillage des richesses naturelles, la colonisation de nouvelles terres.

Prenons des exemples.

Dès l'origine, la "pax romana" apparaît dans tout son cynisme, car elle est sim- plement le résultat de la loi du plus fort. Rome a bâti son empire sur la destruction de ses voisins, Albe, Carthage, et de toutes les "terrae cognitae" jusqu'au royaume des Parthes.

Aujourd'hui, la "pax americana", à l'image de son modèle antique, s'appuie sur une telle puissance militaire que la paix qu'elle prétend garantir ne peut être obtenue sans la destruction totale de pays et de peuples. En témoignent les conflits du XXème siècle: le Vietnam contaminé pour plusieurs générations par l'agent orange, l'Irak plongé dans le chaos sur la base d'un mensonge officiel (on dirait aujourd'hui une fake news) du ministre américain de la Défense, Colin Powell. Il apparaît donc pour le moins paradoxal, sinon odieux, de parler de paix face à des champs de ruines. Si l'on excepte les guerres défensives dont nous avons déjà parlé dans un précédent exposé, le recours à l'argument d'une paix hypothétique est mensonger et criminel.

Dans l'article "Paix" de l'Encyclopédie, le chevalier de JAUCOURT ne dit pas autre chose quand il mentionne la folie humaine, la sauvagerie, l'envie, la défiance et l'ambition comme les véritables causes des guerres:

"Si la raison gouvernait les hommes, si elle avait sur les chefs des nations l'empire qui lui est dû, on ne les verrait point se livrer inconsidérément aux fureurs de la guerre, ils ne marqueraient point cet acharnement qui caractérise les bêtes sauvages. Attentifs à conserver une tranquillité de qui dépend leur bonheur, ils ne saisiraient point toutes les occasions de troubler celle des autres; satisfaits des biens que la nature a distribués à tous ses enfants, ils ne regarderaient point avec envie ceux qu'elle a accordés à d'autres peuples; les souverains sentiraient que des conquêtes payées du sang de leurs sujets, ne valent jamais le prix qu'elles ont coûté. Mais par une fatalité déplorable, les nations vivent entre elles dans une défiance réciproque; perpétuellement occupées à repousser les entreprises injustes des autres, ou à en former elles-mêmes, les prétextes les plus frivoles leur mettent les armes à la main, et l'on croirait qu'elles ont une volonté permanente de se priver des avantages que la Providence ou l'industrie leur ont procurés. Les passions aveugles des princes les portent à étendre les bornes de leurs états; peu occupés du bien de leurs sujets, ils ne cherchent qu'à grossir le nombre des hommes qu'ils rendent malheureux. Ces passions allumées ou entretenues par des ministres ambitieux, ou par des guerriers dont la profession est incompatible avec le repos, ont eu dans tous les âges les effets les plus néfastes pour l'humanité. L'histoire ne nous fournit que des exemples de paix violées, de guerres injustes et cruelles, de champs dévastés, de villes réduites en cendres. L'épuisement seul semble forcer les princes à la paix; ils

s'aperçoivent toujours trop tard que le sang du citoyen s'est mêlé à celui de l'ennemi; ce carnage inutile n'a servi qu'à cimenter l'édifice chimérique de la gloire du conquérant et de ses guerriers turbulents; le bonheur de ses peuples est la première victime qui est immolée à son caprice ou aux vues intéressées de ses courtisans. "
Encyclopédie

Jean-Jacques ROUSSEAU parle de *"fausses notions de la paix"*. Il en compte deux: la paix des cimetières, imposée par la supériorité militaire, qui n'est évidemment pas une véritable paix, et celle du despotisme ou " repos dans la servitude", qu'il illustre par un emprunt à TACITE:*"miserrimam servitutem pacem appellant"* ("ils appellent paix la plus misérable des servitudes") Histoires IV, 17. La véritable paix est un état harmonieux qui suppose un rapport d'égalité entre les parties prenantes. Elle implique aussi la reconnaissance réciproque des libertés. Il faut entendre par paix *"non seulement la sûreté qui fait la paix au dehors, les moeurs qui font la paix au-dedans, mais aussi la liberté sans laquelle il n'y a aucune paix véritable"*.
Discours sur l'origine et les fondements de l'inégalité.

Il nous reste, enfin, à évoquer le concept de non-violence, situé sur l'échiquier politique à l'opposé du choix militaire. Il ne s'agit pas d'une utopie, puisque Gandhi a réussi à libérer son pays de l'occupation britannique par ce moyen. Très rarement utilisé......

En conclusion, le véritable désir de paix ne devrait pas être une utopie bêlante. Il lui faudrait pour cela reposer sur la modération des gouvernants et le recours à la diplomatie plutôt qu'aux armes. Malheureusement, la course aux armements, qui a mené à la prolifération nucléaire, loin de nous conduire aujourd'hui sur le chemin de la paix promise, nous fait craindre le pire, car, dans l'histoire de l'humanité, il n'est pas d'exemple que l'homme ait inventé une arme dont il ne se soit un jour servi.

Cercle Louis XVI. Club rhétorique. décembre 2023

CHAPITRE XVII

TOUTE VERITE EST-ELLE BONNE A DIRE ?

Nombreuses sont les expressions relatives à la vérité. Par exemple : dire à quelqu'un ses quatre vérités; la vérité sort de la bouche des enfants; la vérité est cachée au fond du puits. Le problème du parler-vrai se pose dans le domaine privé aussi bien que dans la sphère politique. Il interroge également le philosophe.

"A chacun sa vérité" dit la sagesse populaire qui rejoint ainsi Pascal ou Pirandello. Comment peut-on dire la vérité si elle varie d'un individu à un autre?
GANDHI répond : dans le respect de l'autre et la tolérance : " *La règle d'or de la conduite est la tolérance mutuelle, car nous ne penserons jamais tous de la même façon, nous ne verrons qu'une partie de la vérité et sous des angles différents.* "

EINSTEIN, quant à lui, condamne la prétention à dire la vérité en raison de l'ignorance des hommes face à la complexité du réel : *"Quiconque prétend s'ériger en juge de la vérité et du savoir s'expose à périr sous les éclats de rire des dieux puisque nous ignorons comment sont réellement les choses et que nous n'en connaissons que la représentation que nous nous en faisons."* Une fois posées ces limites à la découverte de la vérité, la question de la révéler ou non se pose toujours, car la vérité ne s'oppose pas seulement au mensonge, elle a aussi pour antonyme le secret. C'est ainsi que les Grecs l'entendaient, puisque le mot ALETHEIA, la vérité, signifie " ce qui n'est pas caché".

Pourquoi dire ou cacher la vérité?

Il est reconnu par tout le monde que révéler ou non des secrets de famille est un cruel dilemne, car la divulgation, par exemple, d'un viol ou de quelque autre drame risque d'aboutir à la destruction de toute une famille; mais, inversement, le silence rend complice du crime.

Dans le domaine politique également, la divulgation d'un scandale peut provoquer des crises majeures: par exemple, l'affaire Dreyfus divisa longtemps la France en deux camps irréconciliables.

Comme le fait remarquer ZOLA : *"Quand on enferme la vérité sous terre, elle s'y amasse, elle y prend une telle force d'explosion que, le jour où elle éclate, elle fait tout sauter avec elle."*

Pour celui qui choisit de parler, le danger est assuré. Un proverbe arabe nous le rappelle de manière imagée : *"Donnez un cheval à celui qui dit la vérité, il en aura besoin pour s'enfuir."*

Les lanceurs d'alerte d'aujourd'hui, qui révèlent des affaires financières frauduleuses, celle des "Panama papers" par exemple, ou des scancales sanitaires, s'exposent à perdre leur emploi ou même à se retrouver en prison. Je pense en particulier à Edward Snowden qui a révélé l'existence de plusieurs programmes de surveillance de masse, américains et britanniques, et qui, pour avoir fait connaître au monde entier la vérité sur des pratiques qui portent atteinte à la démocratie, est, depuis, exilé et persécuté.

Dire la vérité est un acte courageux. Inversement le silence est coupable, comme l'écrit Gandhi:

" Le silence devient lâcheté lorsque l'occasion exige de dire toute la vérité et d'agir en conséquence. "

Quand on hésite entre révéler une vérité ou la taire, la question à se poser est celle de l'utilité ou de l'inutilité, voire de la nocivité de la parole. En effet, la vérité est ambivalente. Elle peut sauver ou tuer. Empruntons à la littérature quelques exemples fameux pour illustrer notre propos.

Le plus ardent, le plus farouche défenseur de la vérité et de la liberté de parole est le misanthrope de MOLIERE. Mais par sa prise de position sans nuance, Alceste rompt avec les codes aristocratiques fondés sur la courtoisie, la bienséance et le bon ton. Il se rend ridicule et se réserve une vie de tristesse et de solitude, comme l'en avertit son ami Philinte:

Alceste:

Je veux qu'on soit sincère, et qu'en homme d'honneur
On ne lâche aucun mot qui ne parte du coeur.

Philinte:

Il est bien des endroits où la pleine franchise
Deviendrait ridicule et serait peu permise;
Et parfois, n'en déplaise à votre austère honneur,
Il est bon de cacher ce qu'on a dans le coeur.
Serait-il à propos et de la bienséance
De dire à mille gens tout ce que d'eux l'on pense?
Et, quand on a quelqu'un qu'on hait ou qui déplaît,
Lui doit-on déclarer la chose comme elle est?
Alceste: *Oui.*

Le Misanthrope (1666)

Molière revient sur la question de la vérité, centrale dans son oeuvre, trois ans plus tard, avec le Tartuffe. Il y dénonce l'hypocrisie religieuse d'un faux dévot, membre de la compagnie du Saint-Sacrement, qui veut, en réalité, s'emparer des biens d'Orgon, son hôte, et lui voler sa femme, Elmire. Tartuffe à Elmire:

Ah! Pour être dévot, je n'en suis pas moins homme;
Et lorqu'on vient à voir vos célestes appâts,
Un coeur se laisse prendre et ne raisonne pas.
Je sais qu'un tel discours de moi paraît étrange;
Mais, Madame, après tout, je ne suis pas un ange.....

Votre honneur avec moi ne court point de hasard, ...
Mais les gens comme nous brûlent d'un feu discret,
Avec qui pour toujours on est sûr du secret:
Le soin que nous prenons de notre renommée

Répond de toute chose à la personne aimée,
Et c'est en nous qu'on trouve, acceptant notre coeur,
De l'amour sans scandale et du plaisir sans peur.
Tartuffe (1669)
Lorsque l'hypocrite se met à dire la vérité, il parle avec cynisme, il avoue l'inavouable sans aucun scrupule.

Examinons maintenant la vérité quand elle sort de la bouche des femmes.

Phèdre, l'héroïne racinienne, ose avouer sa passion interdite et quasi incestueuse pour Hippolyte, le fils de son époux, le roi Thésée. Cet aveu d'un amour qui aurait dû rester caché est à l'origine des crimes de la tragédie: le père tue le fils, la reine se suicide. Elle a proféré, pour son malheur, un "NEFANDUM": expression latine qui signifie: ce qui ne doit pas être dit, ce qui est maudit. Elle fait cet aveu à sa confidente Oenone.

Oenone: *Que faites-vous, Madame? Et quel mortel ennui*
Contre tout votre sang vous anime aujourd'hui?

Phèdre: *Puisque Vénus le veut, de ce sang déplorable*
Je péris la dernière et la plus misérable. Oenone:
Aimez-vous?

Phèdre: *De l'amour j'ai toutes les fureurs.*

Oenone: *Pour qui?*

Phèdre: *Tu vas ouïr le comble des horreurs.*
J'aime...A ce nom fatal, je tremble, je frissonne. J'aime...

Oenone: *Qui?*

Phèdre: *Tu connais ce fils de l'Amazone,*
Ce prince si longtemps par moi-même opprimé?

Oenone: *Hippolyte? Grands Dieux!*

Phèdre: *C'est toi qui l'a nommé.*

Oenone: *Juste ciel! Tout mon sang dans mes veines se glace.*
Ô désespoir! Ô crime! Ô déplorable race!"

Acte I scène 3

Phèdre: *je n'ai que trop parlé.*
Mes fureurs au dehors ont osé se répandre.
J'ai dit ce que jamais on ne devait entendre."

Acte III scène 1 <u>Phèdre</u>

Autre exemple: la princesse de Clèves, héroïne du roman de MADAME DE LA FAYETTE, tombe amoureuse du beau duc de Nemours. Elle avoue à son mari qu'elle en aime un autre, en même temps qu'elle jure de lui rester fidèle.

"Eh bien, monsieur, lui répondit-elle en se jetant à ses genoux, je vais vous faire un aveu que l'on n'a jamais fait à son mari, mais l'innocence de ma conduite et de mes intentions m'en donne la force. Il est vrai que j'ai des raisons de m'éloigner de la cour et que je veux éviter les périls où se trouvent quelquefois les personnes de mon âge...Quelque dangereux soit le parti que je prends, je le prends avec joie pour me conserver digne d'être à vous. Je vous demande mille pardons, si j'ai des sentiments qui vous déplaisent, du moins je ne vous déplairai jamais par mes actions. Songez que pour faire ce

que je fais, il faut avoir plus d'amitié et plus d'estime pour un mari
que l'on en a jamais eu, conduisez-moi, ayez pitié de moi, et aimez-
moi encore, si vous pouvez."

M. de Clèves était demeuré, pendant tout ce discours, la tête appuyée
sur ses mains, hors de lui-même, et il n'avait pas songé à relever sa
femme. Quand elle eut cessé de parler, qu'il jeta les yeux sur elle,
qu'il la vit à ses genoux le visage couvert de larmes et d'une beauté
si admirable, il pensa mourir de douleur, et l'embrassant en la
relevant:

- "Ayez pitié de moi vous-même, madame, lui dit-il."

La Princesse de Clèves (1678)

Cet aveu inouï, quoiqu'admirable sur le plan moral, a des
conséquences tragiques, puisque le prince de Clèves en meurt de
chagrin. Le silence eût été préférable, en l'occurrence.

La révélation de la vérité a un effet inverse dans l'histoire de
Madame de la Pommeraye chez DIDEROT. Cette aristocrate, par
vengeance, a fait épouser au marquis des Arcis une ancienne prostituée. Après la cérémonie du mariage, elle lui apprend la vérité.
L'infortuné est d'abord accablé et furieux, puis il pardonne à sa
femme son passé lorsqu'elle s'effondre de douleur et de honte devant
lui: *"Levez-vous, je vous en prie, ma femme, levez-vous et*
embrassez-moi; madame la marquise, levez- vous, vous n'êtes pas à
votre place; madame des Arcis, levez-vous..."

Et ils partent tous deux loin des salons parisiens mener une vie
heureuse et cachée.

Le plus pathétique des dilemmes entre parler ou se taire à tout jamais, nous le devons à Victor HUGO dans <u>Les</u> <u>MISERABLES</u> (I,VII, 3). Jean Valjean croit avoir enfin échappé à la justice et au policier Javert lorsqu'il apprend qu'un certain Champmathieu, qu'on prend pour lui, va comparaître devant les Assises d'Arras. Doit-il se dénoncer et retourner au bagne ou laisser condamner un innocent à sa place?

Il y eut un moment où il considéra l'avenir. Se dénoncer, grand Dieu! Se livrer! Il envisagea avec un immense désespoir tout ce qu'il faudrait quitter, tout ce qu'il faudrait reprendre. Il faudrait donc dire adieu à cette existence si bonne, si pure, si radieuse, à ce respect de tous, à l'honneur, à la liberté! Il n'irait plus se promener dans les champs, il n'entendrait plus chanter les oiseaux au mois de mai, il ne ferait plus l'aumône aux petits enfants! Il ne sentirait plus la douceur des regards de reconnaissance et d'amour fixés sur lui! Il quitterait cette maison qu'il avait bâtie, cette chambre, cette petite chambre! ....Grand Dieu! Au lieu de tout cela, la chiourme, le carcan, la veste rouge, la chaîne au pied, la fatigue, le cachot, le lit de camp, toutes ces horreurs connues!....Que faire, grand Dieu! Que faire? .....faut-il se dénoncer? Faut-il se taire?...seulement il sentait que, à quelque parti qu'il s'arrêtât, nécessairement, et sans qu'il fût possible d'y échapper, quelque chose de lui allait mourir; qu'il entrait dans un sépulcre à droite comme à gauche; qu'il accomplissait une agonie, l'agonie de son bonheur ou l'agonie de sa vertu.

Au sortir de ce que Victor Hugo appelle " une tempête sous un crâne", Jean Valjean choisit la vertu, la vérité, le malheur.

Concluons. La vérité avec un V majuscule n'existe pas. Il vaut mieux employer le mot au pluriel quand il s'agit d'aborder la question de façon concrète. Et toutes ne sont pas bonnes à dire. Mais, dans cette affaire, quel est le grand maître, le révélateur ultime? C'est le TEMPS, le temps qui passe et fait sortir toute nue la vérité du puits.

Cercle Louis XVI. Club rhétorique. janvier 2024

Addendum : un autre personnage de Molière, Dom Juan, séducteur et libertin, pour parvenir à ses fins, manie flatteries et hypocrisie, dans une société qui s'en accommode mieux que de la vérité. C'est pourquoi il n'avoue ses opinions transgressives qu'à Sganarelle, son seul confident, qui lui sert de public. Et le spectateur, public en second, est partagé, comme le valet, entre effroi et admiration devant des propos scandaleux pour l'époque sur la liberté sexuelle et l'athéisme.

CHAPITRE XVIII

LES JEUX SONT-ILS RESERVES AUX ENFANTS ?

Des jeux, il en existe de toutes sortes: de cartes, de hasard, de balles, d'argent, d'amateurs et de professionnels, du cirque, olympiques, de mains et de vilains... Dans un premier temps, nous montrerons, comment, sous la même dénomination de jeux, se rencontrent activités puériles et innocentes aussi bien que violentes ou criminelles.

Les enfants s'amusent avec des jouets spécialement conçus pour eux, en fonction de leur âge. Les petites filles jouent à la poupée et les garçons avec des voitures (du moins avant le wokisme...). Ils exultent quand ils gagnent et pleurent lorsqu' ils perdent. Ils ont aussi une imagination assez riche pour s'inventer des vies imaginaires auxquelles ils croient le temps du jeu, comme le raconte TOLSTOÏ, dans _Enfance_, au chapitre VIII intitulé précisément"Jeux": "*pendant les longues soirées d'hiver, nous recouvrions un fauteuil avec des fichus, en faisions une calèche, l'un se mettait à la place du cocher, l'autre à celle du valet, les petites filles au milieu, trois chaises figuraient une troïka....et nous prenions la route. Les aventures les plus diverses survenaient au cours de cette équipée et les soirs d'hiver pas- saient gaiement, rapidement!..Si on réfléchissait pour de bon, il n'y aurait plus aucune espèce de jeu....Et s'il n'y a plus de jeu, que restera-t-il donc?"*

Les enfants, devenus des adultes, continuent de jouer. A quoi? Beaucoup aux jeux de cartes, qui sont appréciés dans tous les milieux sociaux, populaire, bourgeois ou aristocratique. On y joue aussi bien au café du village qu'à Versailles, autour du Roi ou de la Reine. On cherche ainsi à s'amuser ou à rompre l'ennui de longues journées monotones.

Le jeu reste innocent tant que l'argent n'entre pas en ligne de compte. Mais, si c'est le cas, il risque fort de devenir dangereux. Certains s'y endettent, y perdent des fortunes, s'y ruinent totalement. D'autres y trichent, comme dans "Les tricheurs", le célèbre tableau du Caravage montrant deux aigre-fins qui s'emploient à dépouiller un jeune homme naïf. Et aujourd'hui, dans les westerns, le tricheur professionnel dégaine parfois son Derringer.

Un autre risque est l'addiction au jeu. J'ai choisi, pour illustrer ce cas, une anecdote, moitié amusante, moitié macabre, arrivée au poète

Voiture et contée par ALEXANDRE DUMAS dans Vingt ans après. C'est l'archevêque de Paris qui parle: " *Imaginez donc que le pauvre Voiture m'avait fait le voeu solennel de ne plus jouer. Au bout de trois jours il n'y peut plus tenir, et s'achemine vers l'archevêché pour que je le relève de son voeu. Malheureusement, en ce moment-là, j'étais en affaires très sérieuses avec ce bon conseiller Broussel, au plus profond de mon appartement, lorsque Voiture aperçoit le marquis de Luynes à une table et attendant un joueur. Le marquis l'appelle, l'invite à se mettre à table. Voiture répond qu'il ne peut pas jouer que je ne l'aie relevé de son voeu. Luynes s'en- gage en mon nom, prend le péché pour son compte; Voiture se met à table, perd quatre cent écus, prend froid en sortant et se couche pour ne plus se relever.* "

Dans l'enceinte des casinos, la roulette a également poussé nombre de joueurs dans la ruine, le déshonneur, voire le suicide. Le prince de Monaco, propriétaire de la Société des bains de mer, n'était-il pas surnommé au XIX ème siècle, le Prince des suicidés? Quant aux romans russes, ils nous racontent souvent la descente aux enfers de ceux qui ne peuvent s'empêcher de jouer chaque soir, avec un certain masochisme slave, jusqu'à la déchéance complète. Le plus connu de ces romans est Le joueur de DOSTOÏEVSKY. La scène se passe à Roulettenbourg, ville d'eau imaginaire d'Allemagne. Tous les personnages sont des joueurs invétérés, dont la course à la catastrophe est inéluctable et tragique. Parmi eux, Alexeï Ivanovich, le narrateur, est, lui aussi, atteint par le virus du jeu:

A partir de ce moment, je ne me souviens d'aucune mise, d'aucun compte. Je me rappelle seulement, comme dans un rêve, que je gagnai seize mille florins. Trois coups malheureux me firent perdre douze mille florins. Je mis les quatre derniers mille sur le passe. *J'étais devenu insensible: j'attendais et agissais mécaniquement, sans penser. Je gagnai de nouveau, et quatre fois de suite. Je me rappelle encore que j'avais devant moi des monceaux d'or, et que c'était surtout la dizaine du milieu qui sortait le plus souvent, trois fois sur quatre, puis disparaissait une ou deux fois pour revenir de nouveau trois ou quatre fois de suite...*

Il pouvait s'être passé une demi-heure depuis mon arrivée. Tout à coup, les croupiers me firent observer que j'avais gagné trente mille florins et qu'on allait fermer la roulette jusqu'au lendemain. Je saisis tout mon or, je le mis dans mes poches, pêle-mêle avec les billets, et courus dans une autre salle, à une autre table de roulette. Toute la foule me suivit. On me donna une place et je me mis de nouveau à ponter au hasard, sans compter. On devine aisément la suite et la fin...

Comment expliquer de tels comportements? Evidemment par le besoin d'argent ou encore le désir de s'enrichir rapidement. Mais aussi en raison d'une fascination pour le hasard, cette sorte de divinité qui décide de nos vies, dans les circonstances les plus frivoles comme les plus graves. On a envie de se mesurer avec le hasard, de voir s'il va nous sourire ou nous trahir, si le 7 va sortir ou pas. Certains joueurs ont la baraka, d'autres la guigne. Pourquoi? Mystère... Les plus fous risquent même leur vie à la roulette russe.

Ajoutons qu'autour du jeu prolifèrent les organisations criminelles les plus dangereuses. En Italie, la Mafia, la Camorra napolitaine, la N'drangheta sarde. En Chine, les triades, Bambou uni, 14 K, Alliance céleste. Dans l'enfer de Macao ou à Hong-Kong, ces dernières détiennent tous les établissements de nuit où se jouent des fortunes à la roulette ou au poker... Tous les trafics liés au jeu y prospèrent: drogue, prostitution, blanchiment d'argent sale.

Les adultes aiment aussi les jeux sportifs: tennis, basket, football...Mais pourquoi appelle-t-on ces sports des jeux? Il semblerait qu'en la matière seules les capacités physiques et la maîtrise technique doivent compter. Eh bien! non. Ce sont aussi des jeux parce que, là encore, le hasard intervient. Il prend, par exemple, la forme bien connue de la balle de tennis, arrêtée sur la bande du filet, qui, tombant d'un côté ou de l'autre, décide du point et parfois de la victoire.

Dès l'origine, les Jeux olympiques sont fondés sur l'esprit de compétition, le désir de se dépasser soi-même et la gloire de rapporter à sa ville natale une ou plusieurs couronnes de laurier. Mais les jeux ont aussi leur sombre versant. L'exemple le plus notable est constitué par les jeux du Cirque de la Rome antique, effrayants de violence et de cruauté, où tous les spectateurs, à l'exception de quelques philosophes, s'enivrent du massacre d'êtres humains et de bêtes sauvages tout ensemble. On y condamne à mort, le pouce baissé, ceux qui n'ont pas bien joué le jeu, c'est à dire qui ne se sont pas battus avec assez d'ardeur contre l'adversaire.

Aujourd'hui, le sport, infiniment plus pacifique, est néanmoins toujours ambivalent. On admire les records des meilleurs athlètes, mais le dopage entache toutes les disciplines. Enfin, on peut dire que les paris sportifs, produits dérivés des jeux, sont le nouvel OPIUM DU PEUPLE. Le jeu a, en quelque sorte, remplacé la religion. Celle-ci promettait le salut. Celui-là la fortune. On joue dans l'illusion de devenir millionnaire... avec la complicité de l'Etat, le premier à encourager les paris par le biais de la publicité officielle.

Les jeux occupent donc une place immense dans notre vie, depuis le hochet du bébé jusqu'aux parties de cartes du troisième âge. Le jeu est aussi une métaphore de la vie. Cette dernière est, comme lui, tissée de hasards, de calculs, de gains, de pertes et d'illusions, jusqu'à la mort, notre FIN DE PARTIE à tous.

Voyons, pour finir, quel regard porte le philosophe sur le jeu. Un Stoïcien des plus connus, SENEQUE, condamne les comportements infantiles des adultes:

Nous dirons que ce qui distingue l'homme de l'enfant, c'est que l'avidité des enfants a pour objet des osselets, des noix ou de menues pièces de monnaie tandis qu'il faut aux hommes de l'or, de l'argent et des villes....Enfants ou hommes faits, les illusions sont les mêmes; il n'y a que leur objet ou leur importance qui changent.

Loin que les jeux enfantins soient présentés comme une image dégradée des activités des adultes, ce sont, au contraire, les activités des hommes qui apparaissent comme une sorte de dégradation monstrueuse des jeux des enfants. Certes, ces derniers s'occupent de simulacres, mais c'est sans conséquence car l'illusion ne dure que le temps du jeu ou de l'enfance, tandis que les adultes, en s'acharnant à prendre au sérieux des fonctions et des objets illusoires, inversent, eux, l'ordre des valeurs. Ainsi se corrompent-ils toujours davantage car leur frivolité se mue en réelle cupidité.

En d'autres termes, ce qui n'était qu'*otium* innocent est devenu *negotium* coupable.

PASCAL pousse plus loin la réflexion philosophique et c'est à lui que nous demanderons de conclure. Au sens pascalien du terme, toute activité, frivole comme le jeu ou sérieuse comme le métier, n'est qu'un divertissement propre à nous détourner (du latin *"divertere"*) de l'angoisse existentielle: *Rien n'est si insupportable à l'homme que d'être dans un plein repos, sans passions, sans affaire, sans divertissement, sans application. Il sent alors son néant, son abandon, son insuffisance, sa dépendance, son impuissance, son vide. Incontinent, il sortira du fond de son âme l'ennui, la noirceur, la tristesse, le chagrin, le dépit, le désespoir.....J'ai découvert que tout le malheur des hommes vient d'une seule chose, qui est de ne savoir pas demeurer en repos, dans une chambre....*
L'unique bien des hommes consiste donc à être divertis de penser à leur condition ou par une occupation qui les en détourne, ou par le jeu, la chasse, quelque spectacle attachant, et enfin par ce qu'on ap-pelle divertissement.
De là vient que le jeu et la conversation des femmes, la guerre, les grands emplois sont si recherchés. Ce n'est pas qu'il y ait du bonheur ni qu'on s'imagine que la vraie béatitude soit d'avoir de l'argent qu'on peut gagner au jeu, ou dans le lièvre qu'on court: on n'en voudrait pas s'il était offert. Ce n'est pas cet usage mol et paisible, et qui nous laisse penser à notre malheureuse condition, qu'on recherche, ni les dangers de la guerre, ni la peine des emplois, mais c'est le tracas qui nous détourne d'y penser et nous divertit. Raison pourquoi on aime mieux la chasse que la prise....Et c'est

enfin le plus grand sujet de félicité de la condition des rois, de ce qu'on essaie sans cesse à les divertir et à leur procurer toutes sortes de plaisirs.

Le roi est environné de gens qui ne pensent qu'à divertir le roi, et à l'empêcher de penser à lui. Car il est malheureux, tout roi qu'il est, s'il y pense...Même le roi a besoin de divertissement. UN ROI SANS DIVERTISSEMENT est le plus malheureux des hommes.

Cercle Louis XVI. Club rhétorique. février 2024

GLOSSAIRE:

Faire Charlemagne: se retirer du jeu quand on gagne, comme le faisait, par exemple le roi Louis XIII qui préférait s'arrêter avant de perdre, par avarice, dit-on.

Faire paroli: rejouer ce qu'on vient de gagner, en le laissant sur le même numéro.

Ponter: miser sur, jouer

"Game", en Anglais, a deux sens: 1) amusement 2) gibier. big-game: gros gibier. big-game shooting: la chasse aux grands fauves. small game: menu gibier. game-licence: permis de chasse.

Par ailleurs, n'oublions pas que les jeux sont ausssi une institution impériale destinée à contrôler et as- servir le peuple, comme l'a dit JUVENAL, dans une formule célèbre: " *Panem et circences* ", " du pain et des jeux".

CHAPITRE XIX

PEUT-ON TIRER DES LECONS DU PASSE ?

Les anciens peuples du bassin méditerranéen, ont inventé, pour représenter le temps, le dieu JANUS au double visage: de face, il regarde vers l'avenir; de dos, vers le passé. Ils ont aussi imaginé des mythes pour illustrer le rapport des hommes avec le passé. Ils racontent qu'au moment de la chute de Troie, Créüse, l'épouse d'Enée, a été punie de mort pour s'être retournée, dans sa fuite, vers la ville incendiée. Le même châtiment se retrouve dans l'histoire biblique de Loth: sa femme est transformée en statue de sel pour avoir regardé en arrière vers Sodome châtiée par le feu. La leçon est claire: il ne faut pas vivre dans le regret du passé, sous peine d'en mourir. Dante nous dit même que l'on peut, alors, se retrouver aux Enfers parmi les damnés, à qui la vue vers l'avant est interdite et qui, le cou tordu, regardent derrière eux, pour l'éternité.

Quelles différentes attitudes adoptons-nous donc face au passé? La question se pose aussi bien à l'échelle individuelle qu'à l'échelle historique.

Examinons d'abord l'Histoire: invasions, guerres civiles, dictatures, régicides, complots politiques recommencent de génération en génération, toujours identiques dans leurs causes et dans leurs conséquences. Comme CHARLES PEGUY, nous pouvons faire le constat que *"Tout a toujours été très mal"* et que rien ne change sous le soleil: NIHIL NOVI SUB SOLE. L'être humain, toujours semblable à lui-même, n'apprend rien des malheurs du passé. Il répète les mêmes erreurs. Parfois jusqu'à la caricature tragique: Napoléon envahit la Russie le 24 juin 1812, Hitler, le 22 juin 1941: même ambition affichée, même désastre final.

Les conquêtes coloniales se suivent et se ressemblent: guerre d'Indochine (décembre1946-juillet1954), guerre d'Algérie (novembre1954-juillet1962) : dans les deux cas, 7 ans et 7 mois de destructions et de massacres inutiles.

Les traités iniques et arbitraires, en découpant des pays sans tenir compte des droits et des aspirations des populations locales, engendrent les mêmes désastres: le traité de Berlin en 1885 découpe l'Afrique, la déclaration Balfour de 1917 crée un foyer national pour le peuple juif au coeur de la Palestine, le traité de Trianon en 1920 disloque l'Empire austro-hongrois et renforce du même coup le poids de l'Allemagne en Europe centrale et orientale...

L'ONU, comme l'ancienne SDN, est malheureusement toujours aussi impuissante...Le racisme, les guerres de religion continuent à sévir.

En outre, il est d'autant plus difficile de tirer des leçons du passé qu'il se prête volontiers à la MANIPULATION. Ainsi la réécriture de l'Histoire se fait à des fins de propagande idéologique: certains historiens et journalistes réinterprètent les actions des hommes politiques pour réhabiliter les uns et diaboliser les autres. Il leur suffit de transformer un agresseur en agressé, de dramatiser un incident mineur ou, inversement, de passer sous silence une tragédie. Tant et si bien que, comme l'a écrit BALZAC: *Il y a deux histoires: l'histoire officielle, menteuse, puis l'histoire secrète, où sont les véritables causes des événements.*

Cependant, si l'on regarde l'Histoire sous un angle favorable, on voit qu'elle aide à écrire un ROMAN NATIONAL propre à renforcer la cohésion citoyenne et l'amour de la patrie. Ainsi, l'imaginaire de notre peuple trouve-t-il son origine chez "nos ancêtres les Gaulois", indisciplinés mais courageux. Nous pouvons nous enorgueillir aussi de dix siècles de rois qui ont fait la grandeur de la France. Et le citoyen d'aujourd'hui considère comme un patrimoine commun les idéaux de la Révolution et de l'Empire. Ainsi, notre passé n'est pas derrière nous, il est EN NOUS. Il façonne notre vision du monde actuel et sert de fondement à nos valeurs.

Intéressons-nous maintenant à la sphère privée. Le malheur n'épargne personne: échecs, souffrances, maladies et deuils bouleversent la vie de chacun de nous et constituent des épreuves difficiles à vivre. Face à un passé douloureux, on peut adopter cinq attitudes différentes: se réfugier dans le déni de la réalité face à un vécu traumatisant; tirer consciemment et volontairement un trait sur son histoire antérieure; à l'inverse, être nostalgique des jours anciens; ressasser son passé de manière pathologique et obsessionnelle; enfin, tirer des leçons du passé pour construire son avenir sans renouveler ses erreurs. Et puis il existe un cas pathologique particulièrement atroce défini par la psychiatrie: la victime devient à son tour bourreau et reproduit les mêmes horreurs qu'elle a subies dans son passé. Cela se vérifie à l'échelle de l'individu comme à celle des peuples, lorsqu'il y a génocide.

Je n'illustrerai pas mes propos par des exemples trop douloureux à citer.

Je me réfugierai dans l'évocation de la nostalgie chantée par VILLON dans son admirable poème, la "Ballade des dames du temps jadis":

"Dites-moi où n'en quel pays
Est Flora la belle Romaine,
Alcibiades, ne Thaïs,
Qui fut sa cousine germaine?
Echo, parlant quand bruit on mène
Dessus rivière ou sur étang,
Qui beauté eut trop plus qu'humaine?
Mais où sont les neiges d'antan?"

Le regret du passé est incarné par des femmes belles et célèbres que le temps a emportées. De même que la neige, blanche comme un linceul, fond chaque année au printemps, toutes choses sont destinées à disparaître.

Cependant le passé n'est pas tout entier aboli. Chacun d'entre nous sait par expérience qu'une photo, un bibelot disparu puis retrouvé par hasard ressuscite en lui un pan de son passé. C'est ce qu'a vécu CHATEAUBRIAND le 17 juillet 1817, à l'âge de 59 ans. Il se promène dans le parc de Montboissier, lorsque, tout à coup, il entend chanter une grive qui lui rappelle celles de son enfance au château de Combourg:

Je fus tiré de mes réflexions par le gazouillement d'une grive perchée sur la plus haute branche d'un bouleau. A l'instant, ce son magique fit reparaître à mes yeux le domaine paternel, j'oubliai les catastrophes dont je venais d'être le témoin, et, transporté subitement dans le passé, je revis ces campagnes où j'entendis si souvent siffler la grive... Le chant de l'oiseau dans les bois de Combourg m'entretenait d'une félicité que je croyais atteindre; le même chant dans le parc de Montboissier me rappelait des jours perdus à la recherche de cette félicité insaisissable.

Ce son est "magique" car il ressuscite le passé dans le moment présent. Le corps reconnaît une sensation ancienne qui se confond avec la sensation présente et le passé redevient présent par un phénomène de mémoire involontaire, à la fois auditive et affective. L'auteur se retrouve transporté dans le Combourg de sa jeunesse, et, pendant quelques instants, il redevient le jeune garçon de jadis. Durant cette promenade, le surgissement inattendu et brutal du passé dans le présent a eu pour effet d'abolir le temps linéaire. Mais le lendemain, à sa table d'écrivain, Chateaubriand accède, par l'écriture, moins au "temps retrouvé" de l'enfance qu'au temps perdu. Sa mélancolie s'approfondit en réflexion existentielle:

l'adolescent d'alors n'existe plus et l'adulte vieillissant marche vers sa tombe petit à petit. Le thème dominant est le "TEMPUS FUGIT", la fuite du temps, la condition éphémère des mortels, le néant de toute chose. Je cite à nouveau Chateaubriand:

Lorsqu'on regarde sa vie passée, on croit voir sur une mer déserte la trace d'un bateau qui a disparu.

Ce miracle de la mémoire sensorielle se retrouve, un siècle plus tard, chez Marcel PROUST et sa petite madeleine qui réveille en lui *"l'édifice immense du souvenir"*:

Et bientôt, machinalement, accablé par la morne journée et la perspective d'un triste lendemain, je portai à mes lèvres une cuillerée de thé où j'avais laissé s'amollir un morceau de madeleine. Mais à l'instant même où la gorgée mêlée des miettes du gâteau toucha mon palais, je tressaillis, attentif à ce qui se passait d'extraordinaire en moi. Un plaisir délicieux m'avait envahi, isolé, sans la notion de sa cause... Et tout d'un coup, le souvenir m'est apparu. Ce goût, c'était celui du petit morceau de madeleine que le dimanche matin à Combray,...ma tante Léonie m'offrait après l'avoir trempé dans son infusion de thé ou de tilleul.

On remarquera qu'à l'opposé de l'expérience pessimiste de Chateaubriand, celle de Proust est heureuse, car il ne se sent pas emporté inéluctablement par le temps qui dévore tout (" *tempus edax re- rum"* OVIDE <u>Métamorphoses</u>); au contraire, en goûtant à la petite madeleine, il remporte une immense victoire sur le temps, puisqu'en ressuscitant le passé, il le rend vivant dans son intégralité.

D'où son bonheur extraordinaire, qu'il prolonge et immortalise en écrivant <u>A la recherche du temps perdu</u>.

Concluons. Le passé est souvent lourd à porter, sur le plan historique et familial. De plus, nous savons par la science médicale contemporaine que les traumatismes des parents peuvent se transmettre génétiquement jusqu'à la cinquième génération: le passé n'est donc pas seulement une question de vécu et de perception personnels, il est transgénérationnel, pour le plus grand malheur parfois de descendants innocents. L'intuition de cette malédiction se trouve déjà dans la BIBLE: *"Soyez maudits jusqu'à la septième génération."* Puisque les souffrances du passé sont inscrites dans notre corps et dans notre âme, impossible d'en faire table rase. Obligés de les apprivoiser, méditons cette exhortation baudelairienne: *"Sois sage, ô ma Douleur, et tiens-toi plus tranquille."* Que pouvons- nous faire de plus?

Cercle Louis XVI. Club rhétorique. mars 2024.

CHAPITRE XX

AVONS-NOUS BESOIN DE HEROS?

Qu'est-ce qu'un héros? Pour un Grec de l'Antiquité, c'est un demi-dieu, fils d'un dieu et d'une mortelle ou bien d'une déesse et d'un homme. Ce qui signifie qu'il participe d'une double nature, humaine et divine. Le héros des temps modernes conserve en lui une sorte de mystère inexplicable, d'étincelle quasi divine qui le différencie du commun des mortels. Le héros est plus courageux, plus généreux, plus intelligent. Puisqu'il ne nous ressemble guère, en quoi nous intéresse-t-il? Avons-nous besoin de héros?

Le type de héros auquel on pense d'abord est un conquérant. Alexandre le Grand s'est emparé du monde depuis la Macédoine jusqu'à l'Indus. Dès l'enfance, son courage éclate à la cour de son père, lorsqu'il maîtrise un cheval indomptable, Bucéphale. Son génie est à la hauteur de celui de son précep- teur, Aristote; exemple unique dans l'histoire d'un maître et d'un élève tous deux géniaux. Pourquoi Alexandre fait-il rêver des générations depuis plus de deux mille ans? Parce qu'il a accompli des exploits impossibles à réaliser par un homme ordinaire : aller vers l'inconnu sans crainte, renverser tous les obstacles avec facilité... Tels furent aussi, mutatis mutandis, les destins de Gengis Khan, de Christophe Colomb et de Magellan. Nous admirons ces héros parce qu'ils nous dépassent et satisfont en nous ce désir orgueilleux de ressembler à des dieux, désir hubristique qui nous possède depuis Adam et Eve. "ERITIS SICUT DEI" ("vous serez comme des dieux") si vous goûtez à l'arbre de sagesse, dit le Diable à l'homme. Et l'homme a croqué la pomme pour être l'égal de Dieu.

Voilà donc un genre de héros magnifiques, sans peur, dont la curiosité ouvre à l'humanité des champs d'exploration toujours renouvelés, mais qui, en menant l'homme vers l'omniscience et l'omnipotence, le conduiront, peut-être, un jour prochain, à sa perte.

D'autres héros, salvateurs, incarnent un pays, un idéal ou une aspiration forte. Leur conduite courageuse, allant parfois jusqu'au sacrifice de leur vie, inspire leurs contemporains et les générations futures. Ils (ou elles) deviennent des modèles dont nous avons besoin pour penser le monde et agir. Citons quelques exemples: Jeanne d'Arc qui bouta les Anglais hors de France, Gandhi qui obtint des mêmes Anglais l'indépendance de l'Inde, le Grec Manolis Glezos qui, à 18 ans, arracha le drapeau nazi qui flottait sur l'Acropolole, l'abbé Pierre, Mère Thérésa, Soeur Emmanuelle qui incarnent la lutte contre la misère dans les grandes villes. Nous avons besoin d'eux car l'incarnation d'un pays ou d'une cause dans un personnage célèbre donne plus de force à la résistance face à l'oppresseur et à l'injustice.

On peut légitimement placer aux côtés des héros d'autres hommes d'exception qui nous sont nécessaires pour éclairer notre chemin et à qui Victor Hugo a donné le nom de "MAGES" et Baudelaire celui de "PHARES". Ils excellent dans tous les domaines: la science: Eratosthène et Marie Curie; la littérature: Shakespeare et Tolstoï; la peinture: Michel-Ange et Goya; la musique: Mozart et Bach. Hugo les voit comme *"une sorte de Dieu fluide (qui)/ Coule aux veines du genre humain";* il les assimile aussi à des géants: *" Ô géants! Vous avez encore/Des rayons (de l'aurore) dans les cheveux. "* Les Contemplations "Les Mages"

Il existe enfin des héros paradoxaux, anonymes et nombreux, qui s'opposent donc totalement à l'idée courante qu'on se fait du héros, être d'exception, unique en son genre. En temps de paix, il s'agit de héros du quotidien, qui consacrent avec altruisme, générosité et abnégation leur temps et leur vie à secourir les autres. Infirmiers, pompiers, membres bénévoles d'ONG ou d'associations caritatives, comme notre vice-présidente Christine Frémont. En temps de guerre, lorsque leur pays est soumis à une occupation illégitime, des hommes ordinaires peuvent aussi devenir des résistants que l'ennemi appelle terroristes.

La littérature, ce monde parallèle au nôtre, offre aussi des héros de romans, toujours jeunes, beaux, nobles, comme le plus célèbre des ambitieux balzacien :
Eugène de Rastignac avait un visage tout méridional, le teint blanc,

des cheveux noirs, des yeux bleus. Sa tournure, ses manières, sa pose
habituelle dénotaient le fils d'une famille noble, où l'éducation
première n'avait comporté que des traditions de bon goût.
Quoique ces héros soient imaginaires, nous avons besoin d'eux,
parce qu'ils nous ouvrent les portes du rêve. Ils nous font rêver
d'aventures comme Ulysse ou Robin des bois; de batailles et de
gloire, comme Pharamond, le premier roi mythique des Francs,
chanté par CHATEAUBRIAND dans <u>Les Martyrs</u>:

Pharamond! Pharamond! nous avons combattu avec l'épée.
Nos pères sont morts dans les batailles, tous les vautours en ont
gémi: nos pères les rassasiaient de carnage. Choisissons des épouses
dont le lait soit du sang, et qui remplissent de valeur le coeur de nos
fils. Pharamond, le bardit est achevé, les heures de la vie s'écoulent;
nous sourirons quand il faudra mourir!
Les héros nous parlent aussi d'amour, tels Tristan et Yseut.
" Reine, dit Tristan, pourquoi m'avoir appelé seigneur? Ne suis-je
pas votre homme lige, au contraire, et votre vassal, pour vous
révérer, vous servir et vous aimer comme ma reine et ma dame?
Iseut répondit:
"Non, tu le sais, que tu es mon seigneur et mon maître! Tu le sais,
que ta force me domine et que je suis ta serve! Ah! Que n'ai-je avivé
naguère les plaies du jongleur blessé! Que n'ai-je laissé périr le
tueur du monstre dans les herbes du marécage! Que n'ai-je asséné
sur lui, quand il gisait dans le bain, le coup de l'épée déjà brandie!

Hélas! Je ne savais pas alors ce que je sais aujourd'hui!
- Iseut, que savez-vous donc aujourd'hui? Qu'est-ce donc qui vous
tourmente?
- Ah! Tout ce que je sais me tourmente, et tout ce que je vois. Ce ciel
me tourmente, et cette mer, et mon corps et ma vie!"

Elle posa son bras sur l'épaule de Tristan; des larmes éteignirent le
rayon de ses yeux, ses lèvres tremblèrent. Il répéta:
" Amie, qu'est-ce donc qui vous tourmente?"
Elle répondit:
"L'amour de vous."

Mais, au milieu du XX ème siècle, on croit moins aux héros. Les
malheurs et les horreurs de deux guerres mondiales nous ont
désabusés. Apparaît alors, en littérature, l'ANTI-HEROS, reflet
d'une société en proie au doute. Il incarne le raté qui échoue dans sa
vie professionnelle, comme en amour.
Et pourtant, c'est à cet homme-là que CELINE donne le rôle
d'éveilleur des consciences. Bardamu, c'est son nom, enrôlé pendant
guerre de 14-18, découvre l'horreur des combats et démonte
l'héroïsme de son colonel qu'il impute à un manque d'imagination.
Ce colonel, c'était donc un monstre! A présent, j'en étais assuré, pire
qu'un chien, il n'imaginait pas son trépas! Je conçus en même temps
qu'il devait y en avoir beaucoup des comme lui dans notre armée,
des braves, et puis tout autant sans doute dans l'armée d'en face.
Qui savait combien? Un, deux, plusieurs millions peut-être en tout?
Dès lors ma frousse devint panique. Avec des êtres semblables, cette

imbécillité infernale pouvait continuer indéfiniment...Pourquoi s'arrêteraient-ils? Jamais je n'avais senti plus implacable la sentence des hommes et des choses.

Serais-je donc le seul lâche sur la terre? pensais-je. Et avec quel effroi! ...Perdu parmi deux millions de fous héroïques et déchaînés et armés jusqu'aux cheveux? ...

On est puceau de l'Horreur comme on l'est de la volupté. Comment aurais-je pu me douter moi de cette horreur en quittant la place Clichy? Qui aurait pu prévoir, avant d'entrer vraiment dans la guerre, tout ce que contenait la sale âme héroïque et fainéante des hommes? A présent, j'étais pris dans cette fuite en masse, vers le meurtre en commun, vers le feu... ça venait des profondeurs et c'était arrivé. <u>Voyage au bout de la nuit</u>

Si on veut bien réfléchir, comme l'auteur, à la notion d'héroïsme et à ce qu'elle contient d'exaltation de la mort, on comprend pourquoi il fait l'éloge de la lâcheté, seul moyen, en temps de guerre, de défendre le bien le plus précieux que possèdent les hommes, leur vie. Cette opinion n'est pas d'un mauvais Français, lâche au combat, puisque Céline a reçu la croix de guerre pendant le premier conflit mondial. C'est celle d'un médecin et d'un humaniste qui place la vie plus haut que tout.

L'anti-héros n'est pas seulement le contraire du héros, il a pour but de dénoncer le héros, défenseur de valeurs comme la colonisation, le capitalisme et la guerre qu'en son temps Voltaire appelait déjà "*une boucherie héroïque*". Bardamu, comme Candide, nous fait voir le monde et la société avec un nouveau regard critique, plus juste et plus humain.

Jean-Paul SARTRE, un des premiers admirateurs de Céline, reprend, dans La nausée, ce personnage de l'anti-héros. Il lui prête une façon d'être au monde qu'il appelle le sentiment de l'Absurde: *Nous étions un tas d'existants gênés, embarrassés de nous- mêmes, nous n'avions pas la moindre raison d'être là, ni les uns ni les autres, chaque existant, confus, vaguement inquiet, se sentait de trop par rapport aux autres. De trop: c'était le seul rapport que je pusse établir entre ces arbres, ces grilles, ces cailloux...Et moi-veule, alangui, obscène, digérant, ballotant de mornes pensées- moi aussi* j'étais de trop. L'homme, selon la philosophie existentialiste, n'a plus rien d'humain. Il n'est pas seulement étranger au monde comme le héros de Camus; il se dégoûte, sa présence sur terre lui paraît indue.

Dans cette voie de la déshumanisation, les films et les séries d'aujourd'hui offrent à la jeunesse une sous-culture à base de violence, dont les héros sont des brutes et parfois des monstres, images métaphoriques des désordres du monde.

En résumé, la figure du héros a connu, depuis la Première Guerre mondiale, une évolution vertigineuse. Elle est passée de l'être d'exception, capable de servir de guide, à l'homme ordinaire, perdu dans des catastrophes qui le dépassent (comme Bardamu).

Ensuite, à l'individu qui ne comprend plus sa place dans le monde, et enfin aux humanoïdes monstrueux de la B.D et du cinéma contemporain. Concluons cependant sur une note moins sombre. Les véritables héros n'ont pas disparu, ils font partie de notre vie, aussi bien réelle qu'imaginaire. Nous les admirons, ils sont pour nous une source d'inspiration. Les plus grands d'entre eux ont atteint, disait Balzac:

LA GLOIRE, CE SOLEIL DES MORTS.

Cercle Louis XVI. Club rhétorique. avril 2024

CHAPITRE XXI

PEUT-ON ETRE JUSTE?

Il semble aisé de faire le départ entre le juste et l'injuste si l'on se fie à l'iconographie représentant la déesse de la Justice, les yeux bandés, tenant à la main une balance capable de donner une mesure vraie. Mais la question de la justice est complexe parce qu'elle se pose dans des domaines différents: la religion, la politique, la morale, le droit, l'économique et le social, et qu'elle est l'affaire des hommes qui ne sont ni infaillibles ni exempts de faiblesses.

Commençons notre réflexion par la BIBLE et la religion. *L'homme connut Eve, sa femme; elle conçut et enfanta Caïn, et elle dit: "J'ai acquis un homme de par Yahvé." Elle enfanta encore son frère, Abel. Abel fut berger, tandis que Caïn cultivait le sol. Or, au bout d'un certain temps, Caïn présenta des fruits du sol en oblation à Yahvé; Abel, de son côté, présenta des premiers-nés de son troupeau, ainsi que de leur graisse. Yahvé porta ses regards vers Abel et vers son oblation, mais vers Caïn et son oblation il ne les porta pas.*

Le texte sacré ne dit pas pourquoi Dieu accepte l'offrande d'Abel et refuse celle de Caïn. Cette préférence est extrêmement énigmatique et troublante. Est-elle juste ? En tout cas, elle est vécue comme une injustice par Caïn et, de sa vengeance criminelle, vont découler tous les malheurs de l'humanité.

Au Moyen-Age, Dieu est le juge suprême. Les hommes s'en remettaient à Lui pour savoir si une personne était coupable ou innocente, au moyen d'une épreuve, appelée JUGEMENT DE DIEU ou ordalie, qui décidait, par l'eau ou par le feu, de la vie ou de la mort de l'accusé. Il n'est pas certain que l'objectif de justice ait été atteint dans tous les cas...

Puis, au début du XIIIème siècle, l'Eglise créa le tribunal de l'Inquisition, chargé de lutter contre les hérésies considérées comme autant de déviances par rapport à la vraie foi. *L'Inquisition,* nous dit Régine PERNOUD, *fut la réaction de défense d'une société pour laquelle, à tort ou à raison, la préservation de la foi semblait aussi importante que de nos jours celle de la santé physique.*

Mais ce tribunal de Dieu, où la justice était rendue par des hommes, a été supprimé en France par Saint Louis, et, plus tard, partout dans le monde, à cause de ses méthodes cruelles, tortures et condamnations au bûcher.

Le ROI, représentant de Dieu sur terre, a, lui aussi, le pouvoir de rendre la justice. Citons deux exemples.

Salomon, d'abord. Il est considéré comme un modèle de sagesse, célèbre pour avoir su résoudre le conflit entre deux femmes qui revendiquaient le même enfant. En menaçant de couper en deux le malheureux bébé et d'en donner une moitié à chacune, il fit reconnaître à tous la véritable mère au refus horrifié qu'elle lui opposa.

Ensuite Saint Louis, qui rendait la justice sous un chêne. Il offre maintenant encore la belle image d'Epinal d'un souverain équitable en même temps qu'humain et proche du peuple.

Mais les rois ne sont pas toujours justes. Prenons le cas de l'<u>Antigone</u> de SOPHOCLE, où justice divine et justice royale s'opposent. Pour la fille d'Oedipe, les lois divines sont supérieures aux lois humaines; elle est prête à payer de sa vie le respect des dieux qui imposent d'accorder une tombe à tout homme. Pour cette raison, elle désobéit au roi Créon, son oncle, en enterrant son frère Polynice à qui le souverain refusait une sépulture pour avoir pris les armes contre Thèbes, tandis qu'il accorde des funérailles à son autre frère, Etéocle, qui défendait les murs de la cité.

Créon: *Ainsi tu as osé passer outre à ma loi?*

Antigone: *Oui, car ce n'est pas Zeus qui l'avait proclamée! Ce n'est pas la Justice, assise aux côtés des dieux infernaux; non, ce ne sont pas là les lois qu'ils ont jamais fixées aux hommes, et je ne pensais pas que tes défenses à toi fussent assez puissantes pour permettre à un mortel de passer outre à d'autres lois, aux lois non écrites, inébranlables, des dieux! Elles ne datent, celles-là, ni d'aujourd'hui ni d'hier, et nul ne sait le jour où elles ont paru. Ces lois-là, pouvais-je donc, par crainte de qui que ce fût, m'exposer à leur vengeance chez les dieux?...Je te parais sans doute agir comme une folle. Mais le fou pourrait bien être celui même qui me traite de folle.*

Aux yeux d'Antigone, les lois divines, par leur nature non écrite et immortelle, l'emportent sur des lois édictées par les hommes, au caractère transitoire et arbitraire.

Mutatis mutandis, cette opposition se retrouve aujourd'hui dans le conflit israélo-palestinien. L'Etat d'Israël ne peut plus être jugé selon les seuls critères politiques mais il est condamnable au nom des lois supérieures de l'humanité qui sont bafouées.

Au coeur de notre sujet se trouve le DROIT, fixé par les lois et appliqué par les tribunaux. Il décide du juste et de l'injuste. Je cite KANT: *Ce qui est conforme aux lois extérieures s'appelle juste et, ce qui ne l'est pas, injuste.*

Cependant, le droit établi n'est pas le critère absolu du juste qui diffère selon les lois de chaque pays. PASCAL l'a bien compris et dénoncé: *Plaisante justice qu'une rivière borne. Vérité au deçà des Pyrénées, erreur au delà.*

Plus grave encore, nous dit le philosophe, la justice a cédé devant la force qu'on a légitimée a posteriori en prétendant qu'elle était juste: *Ne pouvant faire que ce qui est juste fût fort, on a fait que ce qui est fort fût juste.*

Pascal met en évidence, par une formule lapidaire, frappante, le cynisme des gouvernants qui n'hésitent pas à faire passer pour juste leur pouvoir fondé sur la force, alors même qu'ils savent que la justice, totalement dénaturée, n'est plus. La politique recourt, de manière déguisée, à l'antique et immuable loi du plus fort.

Pour ARISTOTE, le véritable fondement de la justice, c'est l'EGALITE devant la loi. Je cite : *Le juste est conforme à la loi et respecte l'égalité.*
"La Déclaration des Droits de l'homme et du citoyen", inspirée de Jean-Jacques Rousseau, affirme le même lien entre liberté et égalité: *"Les hommes naissent et demeurent libres et égaux en droits."*
L'égalité seule peut garantir la liberté et la justice. Cette dernière doit donc logiquement la faire respecter; assurer, par exemple, une égale répartition des biens dans un héritage, prononcer la même peine pour le même délit. C'est une exigence théorique et légale mais ce n'est pas toujours une réalité dans les faits.

Pour échapper à l'injustice, les hommes ont, enfin, recours à la MORALE qui définit le juste et l'injuste d'après les notions de bien et de mal. La morale érige le juste en valeur absolue et indique en quoi il consiste en pratique : entre autres, ne pas nuire aux personnes ni porter atteinte aux biens.
De bien belles pensées ont été écrites sur le sujet:
CONFUCIUS (551-479) : *Rendez le bien pour le bien et la justice pour le mal.* SOCRATE (470-399) : *Il vaut mieux subir l'injustice que la commettre.* LE CHRIST: *Si quelqu'un te frappe sur la joue droite, tends-lui aussi la gauche* ("Sermon sur la montagne.")
Malheureusement, un fossé sépare l'adhésion intellectuelle à ces préceptes et leur mise en application. Etre juste dans la vie nécessite

une certaine force de caractère pour surmonter rancune, désir de vengeance, violence. Et, pour suivre les leçons de Socrate et du Christ, plus exigeantes, il faut renoncer à la voie facile du plus grand nombre et emprunter la voie étroite de la vertu et du sacrifice.

Terminons notre réflexion en nous intéressant au domaine socio-économique. Là, se pose la question du juste prix, de la juste rémunération du travail, de la juste répartition des richesses, en un mot de la justice sociale. Les peuples doivent souvent se battre pour que leurs plus légitimes revendications soient satisfaites, car le souci de justice recule trop souvent devant les intérêts économiques. Il en va de même à l'échelle des Etats où le "deux poids, deux mesures" se vérifie également. En voici un exemple pris dans l'actualité : les Etats-Unis imposent à la France l'interdiction de s'approvisionner en uranium enrichi auprès de la Russie en raison de la guerre en Ukraine, tout en s'exemptant eux-mêmes de cette règle. L'exigence de justice est à géométrie variable dans un monde libéral où règne la loi du plus riche.

En conclusion, les lois du Seigneur sont impénétrables. Celles de l'homme sont arbitraires et changeantes. Un effort a été fait, cependant, pour aller vers plus d'équité: le droit et la démocratie donnent un cadre satisfaisant pour vivre dans un monde moins injuste. Néanmoins, si l'on veut être lucide et honnête, il faut reconnaître que la morale de La Fontaine dans *"Les animaux malades de la peste"* est toujours d'actualité:

SELON QUE VOUS SEREZ PUISSANTS OU MISERABLES
LES JUGEMENTS DE COUR VOUS RENDRONT BLANCS OU NOIRS.

Cercle Louis XVI. Club rhétorique. mai 2024

CHAPITRE XXII

QUE CHERCHONS-NOUS AU BOUT DE NOS VOYAGES?

Nous ne parlerons pas du voyage touristique de masse, objet de consommation courante, des visites express dans les grandes métropoles, un quart d'heure sur un site historique et des heures dans les boutiques de souvenirs, ni de la contemplation de paysages sublimes gâchée par des bavardages hors de propos.
Larguons les amarres pour de plus authentiques voyages!

Voyager c'est partir à la découverte de l'INCONNU. Or, fait étonnant ! Ulysse, la figure par excellence du voyageur, dont HOMERE nous raconte les aventures sur la mer Méditerranée, ne cherche pas à partir loin de chez lui mais lutte, au contraire, de toutes ses forces, pour rentrer à Ithaque, sa petite patrie et retrouver une vie tranquille en famille.
Néanmoins, cette odyssée a les caractéristiques essentielles d'un voyage maritime périlleux. Elle se déroule dans des circonstances dramatiques, puisqu'aussi bien le voyage est associé au péril qui en fait tout l'intérêt pour le lecteur en quête d'émotions.
Mais, nos vaisseaux une fois en mer, Zeus, l'assembleur des nues, nous déchaîne un Borée aux hurlements d'enfer: il noie sous les nuées le rivage et les flots; la nuit tombe du ciel, et notre flotte fuit,

155

en donnant à la bande, et la rage du vent nous fend en trois ou
quatre pièces nos voilures. L'Odyssée (p.666 La Pléiade)
Ulysse, dont l'une des épithètes est " poluklas", celui qui a beaucoup
souffert, est confronté à toutes sortes de dangers et de monstres
comme le Cyclope ou les Sirènes, mais aussi à la tentation de ne pas
revenir chez lui et de rester dans les bras de la divine Calypso. Il
réussit à surmonter ces obstacles par son endurance, son intelligence,
son sens du devoir.
Ce héros nous sert d'exemple pour affronter les souffrances de la vie
et arriver à son terme pleins de sagesse. Voilà pourquoi le poème
d'Homère n'est pas un simple récit d'aventures mais une leçon de
vie. On peut interpréter ce voyage de retour (en Grec "nostos")
comme une METAPHORE DE LA VIE.

    La mer étant, par nature, un élément dangereux, le premier et le
plus audacieux des voyageurs est donc le MARIN, troisième
catégorie d'être humain, selon Platon, qui n'appartient ni au monde
des vivants, ni au monde des morts. Parmi les plus célèbres
navigateurs, l'italien Christophe Colomb (1451-1506) et le portugais
Magellan (1480 -1521) font preuve, tous deux, d'un courage inouï
en allant vers l'inexploré, sans aucune carte, sans avoir même la
certitude de revenir. Ils sont poussés par le désir de conquête,
d'enrichissement et de gloire, certes, mais bien plus encore par la soif
d'inconnu qui conduit les explorateurs à aller toujours plus loin dans
la connaissance du monde, au péril de leur vie.
    Découvrir le MONDE et l'AUTRE, se confronter à ce qui est
différent de soi et, à partir de là, mieux se comprendre soi-même,
voilà un des buts du voyage. Le voyage est propice à la réflexion et à
l'élaboration de théories ethnologiques, sociologiques ou politiques.
Un lieu s'y prête particulièrement: l'île lointaine dont la découverte
fait partie des épisodes remarquables d'un voyage maritime. Elle est
tantôt un lieu de repos, tantôt de dangers imprévus. Ainsi, Ulysse,

dans l'île de Circé, cède aux charmes de la déesse, tandis que, dans celle du Cyclope, il assiste au festin du monstre qui dévore quatre de ses compagnons. L'île possède l'ambivalence fondamentale de l'AILLEURS, source à la fois de plaisirs et de dangers inconnus.

Celle où échoue le Robinson de DANIEL DEFOE (1660-1731) est le laboratoire d'une sorte d'expérimentation : "civiliser" un homme dit primitif. Robinson apprend à Vendredi à se comporter en Occidental, mais, en le considérant d'emblée comme un inférieur : *Je lui enseignai à m'appeler maître...il était mon serviteur* (Robinson Crusoé); le marin égaré sur une île déserte se transforme, sans état d'âme, en colonisateur et instaure avec Vendredi une relation de dominant à dominé.

Au XXème siècle, MICHEL TOURNIER s'empare du mythe de Robinson et s'applique à le retourner complètement. Dans un premier temps, son Robinson, comme celui de Defoe, fait beaucoup travailler Vendredi afin de recréer la civilisation sur l'île, jusqu'à ce qu'ils s'aperçoivent tous deux que cette organisation artificiellement contraignante leur pèse et qu'ils s'ennuient. A partir de ce moment-là, Vendredi mène le jeu. *Mais surtout Robinson regardait faire Vendredi, il l'observait, et il apprenait grâce à lui comment on doit vivre sur une île déserte du Pacifique.(p. 92) Maintenant, Vendredi était libre. Il était l'égal de Robinson. (p 98)* Désormais ils vivent heureux ensemble, jusqu'au jour où arrive un navire anglais. Lorsque celui-ci repart, Robinson refuse de rentrer en Europe car il n'est plus le même homme, son expérience sauvage l'a transformé.

ROBINSON EST DEVENU VENDREDI.

Le commandant Hunter, le second Joseph et tous les hommes qu'il voyait s'affairer autour de lui lui paraissaient laids, grossiers, brutaux et cruels, et il se demandait s'il arriverait à reprendre l'habitude de vivre avec ses semblables. (p 140) Vendredi ou la vie sauvage.

Une autre île, très célèbre, est celle d'Utopia de Thomas More qui transforme l'île exotique en un lieu mythique, une utopie, du grec: "ou" qui signifie "ne... pas" et de "topos" lieu, c'est à dire "un lieu qui n'existe pas". Dans cet endroit imaginaire, l'auteur invente une société idéale, fondée sur la sagesse, la justice et la mise en commun des biens. Critique implicite des sociétés européennes qui connaissent l'injustice et la misère pour le plus grand nombre.

Au siècle des Lumières, Diderot reprend cette critique par le biais de ce qu'on appelle LE MYTHE DU BON SAUVAGE. A l'époque, on appelle sauvages les hommes que le voyageur occidental découvre dans de lointaines contrées, car ils ne connaissent ni la religion chrétienne, ni les progrès techniques, ni le raffinement du luxe. Par un renversement dialectique, DIDEROT (1713-1784) démontre que l'Européen est moins heureux que l'homme primitif car, tout à sa course aux richesses, il manque le bonheur simple d'obéir aux lois de la nature. Et ce faisant, il contrevient aussi à ses valeurs chrétiennes en réduisant en esclavage ceux qu'ils devraient considérer comme ses frères en Dieu. Ainsi, pour le philosophe, cette rencontre avec l'Autre doit nous faire réfléchir sur le relativisme des us et coutumes et sur la notion de progrès. C'est le sens du discours du chef des Otaïtiens qui s'adresse à Bougainville dans Le Supplément au Voyage de Bougainville: *Nous sommes libres, et voilà que tu as enfoui dans notre terre le titre de notre futur esclavage.Tu n'es ni un dieu ni un démon, qui es-tu donc pour faire des esclaves? Orou, toi qui entends la langue de ces hommes-là, dis-nous à tous, comme tu me l'as dit à moi-même, ce qu'ils ont écrit sur cette lame de métal:* "Ce pays est à nous." *Ce pays est à toi! Et pourquoi? Parce que tu y as mis le pied! Si un Otaïtien débarquait un jour sur vos côtes et qu'il gravât sur une de vos pierres ou sur l'écorce d'un de vos arbres :* "Ce pays est aux habitants d'Otaïti ", *qu'en penserais-tu? Tu es le plus fort, et qu'est-ce que cela fait?.....Nous ne voulons point troquer ce que tu appelles notre ignorance contre tes inutiles lumières. Tout ce qui nous est nécessaire et bon nous le possédons. Sommes-nous dignes de mépris parce que nous n'avons pas su nous faire des besoins superflus? Lorsque nous avons faim, nous avons de quoi manger; lorsque nous avons froid, nous avons de quoi nous vêtir. Tu es entré dans nos cabanes, qu'y manque-t-il à ton avis? Poursuis jusqu'où tu voudras ce que tu appelles commodités de la vie, mais permets à des êtres sensés de s'arrêter, lorsqu'ils n'auraient à obtenir de la continuité de leurs pénibles efforts que des biens imaginaires. Si tu nous persuades de franchir l'étroite limite du besoin, quand finirons-nous de travailler, quand jouirons-nous? Nous avons rendu la somme de nos fatigues annuelles et journalières la moindre qu'il était possible, parce que rien ne nous paraît préférable au repos. Va dans ta contrée t'agiter, te tourmenter tant que tu voudras. Laisse-nous reposer; ne nous entête ni de tes besoins factices, ni de tes vertus chimériques.*

Envisageons maintenant le VOYAGE TERRESTRE.

De multiples routes s'offrent au voyageur. La plus propice au commerce et aux fantasmes est celle de l'ORIENT, empruntée, pour une des toutes premières fois, au XIII ème siècle, par MARCO POLO (1254-1324). Il voyage pendant vingt ans, comme ambassadeur de Kubilaï Khan, de la Perse à Cathay (aujourd'hui la Chine) et découvre la beauté et l'étrangeté de ces pays en matière de moeurs ou de fruits exotiques, *pommes de paradis (autrement dit bananes), vin de dattes, melons doux comme le miel.* Le livre des Merveilles. Le but de ce dernier est aussi commercial: il ouvre des comptoirs et devient très riche. Comme le raconte la légende, à son retour à Venise, méconnaissable après tant d'années, et déguisé en mendiant, il fait sensation en déchirant soudain l'ourlet de ses vêtements où sont cachés or, perles, rubis balais et lapis lazuli.

Cinq siècles plus tard, de grands écrivains romantiques sont tout aussi envoûtés par l'Orient: Chateaubriand (1768-1848), Lamartine (1790-1869), Nerval (1808-1855), FROMENTIN (1820/1876). Ce dernier, qui est aussi un peintre orientaliste, va chercher en Alger des couleurs et des lumières nouvelles et propose une conception originale du voyage.

Je veux essayer du chez moi sur cette terre étrangère, où jusqu'à présent je n'ai fait que passer, dans les auberges, dans les caravansérails ou sous la tente, changeant tantôt de demeure et tantôt de bivouac, campant toujours, arrivant et partant , dans la mobilité du provisoire et en pélerin. Cette fois je viens y vivre et l'habiter. C'est à mon avis le meilleur moyen de beaucoup connaître en voyant peu, de bien voir en observant souvent, de voyager cependant, mais comme on assiste à un spectacle, en laissant les tableaux changeants se renouveler d'eux-mêmes autour d'un point fixe et d'une existence immobile. J'y verrai s'écouler toute une année peut-être, et je saurai comment les saisons se succèdent dans ce bienheureux climat, qu'on dit inaltérable. J'y prendrai des habitudes qui seront autant de liens plus étroits pour m'attacher à l'intimité des lieux. Je veux y planter mes souvenirs comme on plante un arbre, afin de demeurer de près ou de loin enraciné dans cette terre d'adoption. Une année dans le Sahel, Journal d'un absent.

Il n'est nécessaire ni de courir partout ni de visiter uniquement les sites les plus célèbres. Fromentin choisit, en peintre, le VOYAGE IMMOBILE, pour mieux comprendre l'ailleurs, à partir d'un point fixe. Grâce à des affinités profondes avec son lieu de prédilection, il en arrive à transformer une terre étrangère en un chez soi et une nouvelle patrie.

BAUDELAIRE rêve aussi de voyage immobile à sa manière: c'est à dire de voyager sans partir jamais. Son désir d'ailleurs est symbolisé par le port, lieu ambivalent, point de départ d'aventures mais aussi havre de paix où les bateaux revenus de leurs lointaines traversées restent désormais à quai.

Je vois un port rempli de voiles et de mâts
Encor tout fatigués par la vague marine,
Pendant que le parfum des verts tamariniers,
Qui circule dans l'air et m'enfle la narine,
Se mêle dans mon âme au chant des mariniers.

Le but du voyage peut être aussi de se retrouver en tête à tête avec soi-même, loin des autres hommes. Comme le dit ROUSSEAU dans le livre IV des Confessions:

Jamais je n'ai tant pensé, tant existé, tant vécu, tant été moi, si j'ose ainsi dire, que dans les voyages que j'ai faits seul à pied. La marche a quelque chose qui anime et avive mes idées: je ne puis presque penser quand je reste en place; il faut que mon corps soit en branle pour y mettre mon esprit.

Le voyage à pied nous conduit tout naturellement à évoquer le PELERINAGE et à parler de ceux qui partent à la rencontre de Dieu. Comme Charles PEGUY qui accomplit, chaque année, le pèlerinage de Chartres. Sa longue marche est déjà une prière avant de devenir le poème intitulé "Présentation de la Beauce à Notre Dame de Chartres":

Etoile de la mer voici la lourde nappe
Et la profonde houle et l'océan des blés
Et la mouvante écume et nos greniers comblés,
Voici votre regard sur cette immense chape

Et voici votre voix sur cette lourde plaine
Et nos amis absents et nos coeurs dépeuplés,
Voici le long de nous nos poings désassemblés
Et notre lassitude et notre force pleine.

Etoile du matin, inaccessible reine,
Voici que nous marchons vers votre illustre cour,
Et voici le plateau de notre pauvre amour,
Et voici l'océan de notre immense peine.
……………………………………………………
Ainsi nous naviguons vers votre cathédrale.
De loin en loin surnage un chapelet de meules,
Rondes comme des tours, opulentes et seules
Comme un rang de châteaux sur la barque amirale.

Deux mille ans de labeur ont fait de cette terre
Un réservoir sans fin pour les âges nouveaux.
Mille ans de votre grâce ont fait de ces travaux
Un reposoir sans fin pour l'âme solitaire.

Terminons cette vision heureuse du voyage par un hommage à l'aïeul de notre président, Jules Verne, auteur des <u>Voyages extraordinaires,</u> qui est, incontestablement, l'écrivain le plus obsédé par les voyages. Né dans une ville traversée par l'Erdre et la Loire et à proximité de l'Océan, il désire, dès son plus jeune âge, partir pour des pays lointains. Ce qu'il fera plus tard, sur son voilier "Michel" et en écrivant des romans dont les titres parlent d'eux-mêmes. Il nous entraîne en Russie avec <u>Michel Strogoff</u>, dans les airs: <u>Cinq semaines en ballon,</u> dans les entrailles de notre planète: <u>Voyage au centre de la terre</u>, dans le monde sub-aquatique: <u>Vingt mille lieues sous les mers,</u>

dans l'espace: De la terre à la lune. Aucun domaine à découvrir n'échappe au romancier qui a l'ambition d'associer littérature et science.

Mais, à rebours de tout ce qui a été dit, le voyage procure aussi des DESILLUSIONS.
L'officier de marine et écrivain PIERRE LOTI (1850-1923) en fait l'expérience en Extrême Orient.
C'est bien Papeete...C'est tout cela, avec le grand charme en moins, le charme des illusions indéfinies, des impressions vagues et fantastiques de l'enfance...Un pays comme tous les autres, mon Dieu, et moi, Harry, qui me retrouve là, le même Harry qu'à Brightbury, qu'à Londres, qu'ailleurs, si bien qu'il me semble n'avoir pas changé de place...
Ce pays des rêves, pour lui garder son prestige, j'aurais dû ne pas le toucher du doigt. Et puis ceux qui m'entourent m'ont gâté mon Tahiti, en me le présentant à leur manière; ceux qui trainent partout leur personnalité banale, leurs idées terre à terre, qui jettent sur toute poésie leur bave moqueuse, leur propre insensibilité, leur propre ineptie. La civilisation y est trop venue aussi, notre sotte civilisation coloniale, toutes nos conventions, toutes nos habitudes, tous nos vices, et la sauvage poésie s'en va, avec les coutumes et les traditions du passé. Le mariage de Loti (1880)
A l'origine de la désillusion, deux causes. La première, l'individu reste toujours le même, quel que soit le lieu où il arrive; en lui-même se trouve donc l'impossibilité de ressentir pleinement l'ailleurs. La seconde cause: la civilisation occidentale ne comprend pas et tue la poésie indigène.

Il arrive donc que le voyageur soit dégoûté de son itinérance tumultueuse et aspire à revenir à son point de départ...et à son enfance, fût-elle triste. C'est ce que raconte « le Bateau ivre » de RIMBAUD:

Je regrette l'Europe aux anciens parapets.
..
Mais, vrai, j'ai trop pleuré. Les aubes sont navrantes,
Toute lune est atroce et tout soleil amer.
...
Si je désire une eau d'Europe, c'est la flache
Noire et froide où, vers le crépuscule embaumé,
Un enfant accroupi, plein de tristesse, lâche
Un bateau frêle comme un papillon de mai.

Parfois, enfin, on voyage pour SE FUIR. Frédéric Moreau, le héros de L'Education sentimentale, a tout raté, sa vie professionnelle comme sa vie amoureuse. Il décide donc de voyager pour oublier. Mais cette expérience se révèle aussi un échec. FLAUBERT le montre, avec cruauté et sobriété, en quatre mots typographiquement soulignés par le blanc de la page:
Il voyagea.   Il revint. Le voyage s'est révélé un néant.

    Concluons. Aventures heureuses ou mésaventures, exotisme, soif d'inconnu, découverte de l'Autre et de Soi-même, pèlerinages, désillusions, fuites en avant, tout cela se retrouve dans les voyages. Je terminerai mon petit discours sur une note personnelle: je voyais de temps en temps, à Bordeaux, quand j'étais enfant, une femme très belle, Madame Dubarry, qui me faisait rêver d'aventures et d'ailleurs: elle était la fille d'Henry de Montfreid.

Cercle Louis XVI. Club rhétorique. juin 2024.

CHAPITRE XXIII

L'ART EST-IL ETERNEL?

Se demander si l'art est éternel ne signifie pas qu'il y ait doute sur le sujet. La question qui se pose est de savoir pourquoi et comment l'art peut accéder à un statut quasi divin, qui échappe à l'humain lié ontologiquement à la condition mortelle.
Plusieurs pistes s'offrent à nous que nous allons explorer et illustrer par l'étude d'oeuvres d'art : la représentation du sacré, le recours aux mathématiqurs, le choix de l'idéalisation, l'ambition de rivaliser avec la vie et enfin la double nature de l'art.

L'ART RELIGIEUX, parce qu'il est habité par le sacré, a atteint à l'immortalité.
D'abord, en Egypte, par des monuments d'une taille hors norme, les pyramides, qui manifestent le désir d'éternité de ses pharaons et de tout un peuple qui croyaient en une autre vie après la mort.
° Ensuite en Europe, au Moyen-Âge. Vierges et Christs incarnent l'union de l'humain et du divin, cette double nature du Dieu incarné

propre à la religion chrétienne, comme on le voit dans « La Pietà de Villeneuve-lès-Avignon » d'Enguerrand Quarton. (1454-56. Musée du Louvre)

° L'ART GREC, lui, n'a pas d'autre but, depuis ses origines, que l'IDEAL DU BEAU. Et pour l'atteindre, il s'appuie sur l'harmonie des proportions fondée sur le NOMBRE D'OR.
Par exemple, dans la statuaire, la tête doit représenter le septième du corps ; en architecture, la hauteur et l'espacement des colonnes d'un temple respectent les calculs de Pythagore. Ainsi, les mathématiques, qui accompagnent l'art grec, lui confèrent sa perfection et, partant, son immortalité. Regardons pour nous en convaincre « Le Diadumène » de Polyclète (480-420 avant J-C) du musée d'Athènes.

Cet athlète n'est pas un simple humain; sa beauté idéale, sa pose élégante traduite par le contra-posto et l'inclinaison de sa tête le

rapprochent de l'idée qu'on se fait alors de la perfection divine. La statuaire du Vème siècle avant Jésus-Christ ne sculpte que des dieux à visage humain ou des humains beaux comme des dieux.

° Jusqu'au début du XXème siècle, les artistes occidentaux croient toujours en un beau conçu comme un ABSOLU (c'est à dire éternel) qui repose sur une IDEALISATION du réel et de l'humain. Prenons deux exemples de la représentation féminine. D'abord : ° « La naissance de Vénus » de Botticelli (1484-1485) au musée des Offices de Florence.

Vénus répond à des canons précis : elle est blonde, les cheveux dénoués, longiligne et nue. Elle incarne à la fois la simplicité antique et la grâce sophistiquée de la Renaissance. Ces caractéristiques font d'elle un modèle de perfection féminine pour les siècles à venir.

° Deuxième exemple : (1895. Musée de l'Orangerie) « La baigneuse aux cheveux longs » de Renoir. Plus charnelle, elle répond à une vision érotisée du beau féminin conçu par des hommes.

° Cependant, la notion de beauté artistique est complexe et ne peut se réduire à l'embellissement de la réalité. La laideur, elle aussi, peut être le support inattendu du beau, comme en témoigne « La Célestine » de Picasso à l'Hôtel de Salé.
L'oeil unique et la vieillesse de cette maquerelle, loin de le rebuter, fascinent le visiteur qui s'arrête devant elle et l'observe fixement. Pour quelle raison?

Parce qu'elle est vraie et lui apparaît même comme vivante. La vérité psychologique et sociale de ce portrait crée l'ILLUSION DE LA VIE. Et la vie, si difficile à reproduire, figée par la représentation picturale, atteint à l'immortalité artistique. D'où ce paradoxe surprenant : la vie, par essence éphémère, devient immortelle quand elle bénéficie de la médiation d'un grand artiste.

°Autre exemple : « Tree studies for a crucifixion » 1962. Musée Guggenheim) La laideur sublimée des corps masculins déchiquetés et réduits à l'état de morceaux de viande saignants, tels que les peint Bacon, atteindra aussi à l'immortalité mais pour une autre raison. Elle traduit de manière violente, profondément dérangeante mais juste, le tragique et le pitoyable de la condition humaine.

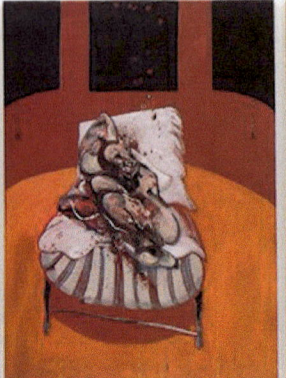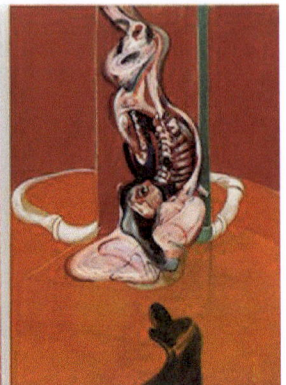

L'art a une DOUBLE NATURE, TRANSITOIRE ET ETERNELLE, a écrit Baudelaire:

"La modernité, c'est le transitoire, le fugitif, le contingent, la moitié de l'art, dont l'autre moitié est l'éternel et l'immuable." L'art romantique. L'art, quelle que soit sa forme d'expression, picturale, sculpturale ou littéraire, cherche à rendre compte du réel inscrit dans le temps, tout en désirant dépasser le "hic et nunc" par une sublimation qui vise à l'éternité. L'artiste ne fabrique pas des œuvres hors du temps, mais son rapport au réel est complexe. Alors que l'homme ordinaire vit dans le réel et l'accepte tel qu'il est, le poète, au sens grec du terme, c'est à dire le créateur, ne se satisfait pas du réel et crée à partir de celui-ci une nouvelle réalité, qui, elle, ECHAPPE AU TEMPS. Elle échappe au temps pour deux raisons. D'abord parce que son œuvre n'est pas seulement le produit d'une époque, elle est le fruit de son intuition créatrice atemporelle; elle naît, toute armée et casquée, comme Athéna sortant du crâne de Zeus, de son intelligence, de son imaginaire et de sa sensibilité exacerbée. Ensuite, parce que l'artiste, jusqu'à une date assez récente, le début du XX ème siècle, se proposait d'atteindre à l'universel et à l'éternel.

170

Il aspirait à être compris et admiré à travers les siècles. Ambition qui semble avoir disparu aujourd'hui, où la vitesse et l'instantanéité ont rendu obsolète la notion de temps long.

Pour vérifier la pertinence de la réflexion de Baudelaire, prenons trois exemples de peintres de pays et d'époques différentes : Pieter Brueghel l'Ancien, Renaissance flamande ; Johannes Vermeer, peintre néerlandais du XVII ème siècle ; Francisco Goya, peintre espagnol, né en 1746 et mort en 1828.

° D'abord, le tableau de Brueghel l'Ancien, <u>Chasseurs dans la neige.</u> (1565. Kunsthistorisches   Museum de Vienne)

Ce paysage de neige est, à première vue, pittoresque et anecdotique: des chasseurs rentrent au village, un jour d'hiver. Les villageois savent apprivoiser le froid et la neige: ils chassent, ils patinent, ils font du feu. Leurs vêtements et les habitations champêtres nous indiquent une époque particulière et ancienne. Et pourtant, ce tableau nous bouleverse au point que l'émotion esthétique qu'il suscite ne peut provenir que d'une dimension supérieure, d'ordre existentiel. Les personnages, les arbres, les oiseaux réduits à l'état d'ombre traduisent l'harmonie profonde qui existe entre l'homme et la nature. Le traitement de la vie quotidienne par le peintre flamand transcende le réel et atteint une DIMENSION UNIVERSELLE en faisant de l'hiver le sujet et l'âme du tableau.

° Ensuite, La laitière de Vermeer de Delft. (1658. Rijksmuseum d'Amsterdam). Le grand peintre hollandais a su lui aussi opérer la transmutation d'une scène de la vie simple et quotidienne en un instant d'éternité. Le lait que verse cette femme humble, dans un geste ordinaire, semble figé pour l'éternité.

° Enfin, voici <u>La marquise de la Solana</u> (1795. Musée du Louvre) peinte par Goya, quelques mois avant qu'elle ne meure, emportée par la maladie à 38 ans. Pourquoi le portrait de cette aristocrate espagnole ancrée dans son époque par sa coiffure et sa tenue vestimentaire a-t-il atteint l'immortalité artistique? Parce que ce n'est

pas un simple tableau d'apparat qu'a réalisé Goya, mais la représentation d'une femme aux prises avec la mort et la vision de la mort elle-même.

L'art figuratif, ancré dans une époque et un pays, semblait, par nature, ne pas pouvoir échapper à l'histoire ni aux courants picturaux et, donc, être le moins à même d'accéder à l'universalité. Et pourtant, nous venons de voir que ce n'était pas le cas.

Qu'en est-il de l'ART ABSTRAIT ? L'abstraction échappe-t-elle au temps parce qu'elle utilise, sans référence au réel, le langage des formes et des couleurs, universel comme le langage musical ? Non, ce n'est pas une condition suffisante, car formes et couleurs, elles aussi, subissent l'influence de la mode.

Ainsi, certains tableaux de Miro nous semblent tout à fait datés, pour ne pas dire démodés. Au contraire, ceux de Soulages nous paraissent intemporels par leurs jeux de lumière noire. Mais il faudra attendre le verdict du temps et des siècles futurs pour savoir qui demeurera dans la mémoire des hommes.

Concluons. Voilà les différents critères que nous venons d'analyser pour tenter de répondre à la question de l'éternité de l'art. Mais, me direz-vous, comment expliquer qu'une simple nature morte, panier de fruits ou bouquet de fleurs, qui ne répond pas à ces critères, ait acquis depuis longtemps le droit d'éternité muséale ? Eh! bien, il faut recourir à une autre explication. Un tableau intemporel est l'oeuvre d'un génie. Le mot "génie" est bien commode, certes, il veut tout dire et ne rien dire. Mais je n'en vois pas d'autre. Je suis persuadée que l'homme de génie, sorte de demi-dieu, est seul capable de créer une oeuvre universelle qui échappe au temps et dont le MYSTERE reste entier.

Cercle Louis XVI. Club rhétorique. novembre 2024.

CHAPITRE XXIV

PEUT-ON FAIRE UNE OMELETTE SANS CASSER DES OEUFS?
ou
LA FIN JUSTIFIE-T-ELLE LES MOYENS ?

Se poser cette question revient à se demander s'il est juste d'utiliser des moyens discutables pour assurer le succès d'une bonne cause, d'ordre privé ou public. Ces moyens se subdivisent, selon nous, en trois grandes catégories: le mensonge, le sexe (Eros) et le meurtre (Thanatos). Et pour réfléchir à ce problème, nous allons interroger la littérature.

Envisageons d'abord le moyen banal du MENSONGE et de la TROMPERIE, que l'on retrouve au théâtre chez les plus grands auteurs comme MOLIERE ou BEAUMARCHAIS.

Dans L'Ecole des femmes, un barbon, Arnolphe, a fait élever au couvent, par des religieuses, la jeune Agnès avec ordre de ne pas lui apprendre à lire. Il espère fonder la fidélité de cette dernière sur l'ignorance la plus totale et ainsi éviter le cocuage promis à tant de maris. Mais le hasard a fait se rencontrer Agnès et le jeune Horace... Lorsque son tuteur l'apprend, il enferme la jeune fille et lui ordonne de jeter une pierre à la figure de son amant, lorsqu'il se présentera. Mais celle-ci l'enveloppe d'une lettre d'amour....La ruse, et surtout l'amour qui *"est un grand maître"*, ont eu raison de l'abus d'autorité d'Arnolphe.

Dans <u>Le Barbier de Séville</u>, réécriture de la pièce de Molière, le vieux docteur Bartholo a aussi une jeune pupille, Rosine, qu'il rêve d'épouser et sur laquelle il a toute autorité. Heureusement, dans la comédie tout finit par un heureux mariage: le comte Almaviva sauve l'infortunée en utilisant travestissements, mensonges et ruses, aidé dans son entreprise par le plus malin et le plus spirituel des valets de comédie: Figaro. Exemple :

Figaro : *Votre tuteur et votre maître à chanter, se croyant seuls ici, viennent de parler à cœur ouvert...Rosine : Et vous les avez écoutés, monsieur Figaro ? Mais savez-vous que c'est fort mal !*

Figaro : *D'écouter ? C'est pourtant tout ce qu'il y a de mieux pour bien entendre. Apprenez que votre tuteur se dispose à vous épouser demain.*

Pour empêcher ce mariage, le comte Almaviva a recours au moyen le plus traditionnel, la LETTRE glissée en cachette, ainsi qu'au plus théâtral des expédients, le DEGUISEMENT. Il s'habille successsivement en étudiant pauvre sous le nom de Lindor, en militaire de passage à Madrid et en professeur de chant, dans le but d'approcher sa bien-aimée. Voici les scènes 12 et 13 de l'acte II où, s'appuyant sur l'obligation de loger des gens de guerre, il demande à Bartholo de dormir chez lui et le fait tourner en bourrique pour détourner son attention et remettre une lettre à Rosine.

Scène 12

Le Comte, en uniforme de cavalier, ayant l'air d'être entre deux vins, et chantant.

Bartholo : *Mais que nous veut cet homme ? Un soldat ! Rentrez chez vous, signora.*

Le Comte chante : « Réveillons-la » et s'avance vers Rosine : Qui de vous deux, mesdames, se nomme le docteur Balordo ? (À Rosine, bas.) Je suis Lindor.

Bartholo : *Bartholo !*

Rosine, *à part : Il parle de Lindor.*

Le comte : *Balordo, Barque-à-l'eau, je m'en moque comme de ça. Il s'agit seulement de savoir laquelle des deux... (À Rosine, lui montrant un papier.) Prenez cette lettre.*

Bartholo : *Laquelle ! Vous voyez bien que c'est moi ! Laquelle ! Rentrez donc, Rosine ; cet homme paraît avoir du vin.*

Scène 13

Le comte : *Oh ! je vous ai reconnu d'abord à votre signalement.*

Bartholo, *au comte qui serre la lettre : Qu'est-ce que c'est donc que vous cachez là dans votre poche !* Le comte : *Je le cache dans ma poche, pour que vous ne sachiez pas ce que c'est.*

Bartholo : *Qu'est-ce que cela veut dire ? Êtes-vous ici pour m'insulter ? Délogez à l'instant.*

Le comte : *Déloger ! Ah ! fi ! que c'est mal parler ! Savez-vous lire, docteur... Barbe à l'eau ?*

Bartholo : *Autre question saugrenue.*

Le comte : *Oh ! que cela ne vous fasse pas de peine ; car, moi qui suis pour le moins aussi docteur que vous...*

Bartholo : *Comment cela ?*

Le comte : *Est-ce que je ne suis pas le médecin des chevaux du régiment ? Voilà pourquoi l'on m'a exprès logé chez un confrère.*

Bartholo : *Oser comparer un maréchal !...Il vous sied bien, manipuleur ignorant, de ravaler ainsi le premier, le plus grand et le plus utile des arts !*

Le comte : *Utile tout à fait, pour ceux qui l'exercent.*

Bartholo : *Un art dont le soleil s'honore d'éclairer les succès.*

Le comte : *Et dont la terre s'empresse de couvrir les bévues.*

Bartholo : *On voit bien, malappris, que vous n'êtes habitué de parler qu'à des chevaux.*

Le comte : *Parler à des chevaux ? Ah ! docteur, pour un docteur d'esprit... N'est-il pas de notoriété que le maréchal guérit toujours ses malades sans leur parler ; au lieu que le médecin parle beaucoup aux siens...*

Bartholo : *Sans les guérir, n'est-ce pas ?*

Le comte : *C'est vous qui l'avez dit.* »

Il va de soi que les moyens utilisés par les jeunes gens pour empêcher un vieillard de nuire et pour délivrer une pauvre prisonnière passent, aux yeux des spectateurs, pour légitimes et très amusants. La morale se situe du côté du bonheur.

Las! dans les romans comme dans la vie, les innocents sont souvent sacrifiés et les méchants l'emportent. Ces derniers utilisent pour ce faire CHANTAGE et même VIOL qui sont des moyens autrement criminels.

Prenons un exemple chez VOLTAIRE. Dans L'Ingénu, il raconte comment la belle demoiselle de Saint- Yves est amenée à subir les assauts d'un puissant secrétaire d'Etat à qui elle a demandé une entrevue afin de faire sortir de prison son Iroquois injustement accusé et qu'elle souhaite épouser. Une amie de Saint-Yves parle ainsi:

Hélas! dit-elle, les affaires ne se font guère autrement dans cette cour si aimable, si galante, si renommée. Les places les plus médiocres et les plus considérables n'ont souvent été données qu'au prix qu'on exige de vous. Écoutez, vous m'avez inspiré de l'amitié et de la confiance; je vous avouerai que si j'avais été aussi difficile que vous l'êtes, mon mari ne jouirait pas du petit poste qui le fait vivre ; il le sait, et loin d'en être fâché, il voit en moi sa bienfaitrice, et il se regarde comme ma créature. Pensez-vous que tous ceux qui ont été à la tête des provinces, ou même des armées, aient dû leurs honneurs et leur fortune à leurs seuls services ? Il en est qui en sont redevables à mesdames leurs femmes. Les dignités de la guerre ont été sollicitées par l'amour, et la place a été donnée au mari de la plus belle.

Vous êtes dans une situation bien plus intéressante : il s'agit de rendre votre amant au jour et de l'épouser; c'est un devoir sacré qu'il vous faut remplir. On n'a point blâmé les belles et grandes dames dont je vous parle; on vous applaudira, on dira que vous ne vous êtes permise une faiblesse que par un excès de vertu.

— Ah ! quelle vertu! S'écria la belle Saint-Yves; quel labyrinthe d'iniquités ! quel pays ! et que j'apprends à connaître les hommes ! Un P. de La Chaise et un bailli ridicule font mettre mon amant en

prison, ma famille me persécute, on ne me tend la main dans mon désastre que pour me déshonorer. Un jésuite a perdu un brave homme, un autre jésuite veut me perdre; je ne suis entourée que de pièges, et je touche au moment de tomber dans la misère. Il faut que je me tue, ou que je parle au roi, je me jetterai à ses pieds sur son passage, quand il ira à la messe ou à la comédie.

— On ne vous laissera pas approcher, lui dit sa bonne amie."

Chapitre XIII. "Elle succombe par vertu."

Voltaire, comme à son habitude, cède au malin plaisir de railler les Jésuites, toujours habiles, selon lui, à justifier le mal par des arguments fallacieux et contraires à la vraie morale.

Comment juger des moyens utilisés pour parvenir à ses fins quand les uns se placent sur le plan de l'efficacité des us et coutumes acceptés par la bonne société, tandis que les autres, moins nombreux, considèrent la vertu comme impérative et non conditionnelle?

Boule de Suif, nouvelle de MAUPASSANT, dénonce aussi l'égoïsme et l'HYPOCRISIE d'une société bien-pensante. Pendant la guerre de 1870, un officier allemand refuse à une diligence de bons bourgeois de quitter Tôtes, en Normandie, si Boule de Suif, prostituée ainsi nommée pour son généreux embonpoint, ne cède pas à ses avances. Elle refuse énergiquement en raison de son farouche patriotisme. Ce qui contrarie les autres voyageurs qui ne songent qu'à leurs propres intérêts.

Alors on conspira.

Les femmes se serrèrent, le ton de la voix fut baissé, et la discussion devint générale, chacun donnant son avis. C'était fort convenable du

*reste. Ces dames surtout trouvaient des délicatesses de tournures,
des subtilités d'expression charmantes, pour dire les choses les plus
scabreuses...On prépara longuement le blocus, comme pour une
forteresse investie. Chacun convint du rôle qu'il jouerait, des
arguments dont il s'appuierait, des manœuvres qu'il devrait exécuter.
On régla le plan des attaques, les ruses à employer, et les surprises
de l'assaut, pour forcer cette citadelle vivante à recevoir l'ennemi
dans la place.*

*Cependant, jusqu'au déjeuner, ces dames se contentèrent d'être
aimables avec elle, pour augmenter sa confiance et sa docilité à
leurs conseils.*

*Aussitôt à table, on commença les approches. Ce fut d'abord une
conversation vague sur le dévouement. On cita des exemples
anciens: Judith et Holopherne, puis, sans aucune raison, Lucrèce
avec Sextus, Cléopâtre faisant passer par sa couche tous les
généraux ennemis, et les y réduisant à des servilités d'esclave. Alors
se déroula une histoire fantaisiste, éclose dans l'imagination de ces
millionnaires ignorants, où les citoyennes de Rome allaient endormir
à Capoue Annibal entre leurs bras, et, avec lui, ses lieutenants, et les
phalanges des mercenaires.*

Face à de tels arguments, la jeune femme cède, la diligence repart et,
aussitôt, le mépris des bourgeois refait surface: loin de la remercier,
ils la condamnent avec la plus grande sévérité.

Comment juger des moyens utilisés pour parvenir à ses fins quand
les mêmes personnes, d'un moment à l'autre, considèrent un procédé
comme héroïque quand cela les arrange, puis indigne quand elles ont
obtenu ce qu'elles voulaient?

Il nous reste enfin à traiter de *THANATOS*, c'est à dire du MEURTRE, comme le moyen d'action le plus radical, le plus expéditif.

Agamemnon, dans <u>Iphigénie à Aulis</u> d'Euripide, accepte de sacrifier sa fille pour que des vents favorables guident la flotte grecque jusqu'aux rivages de Troie. Il obéit aux dieux par souci de sa propre gloire plutôt que par amour de son pays. Le moyen cruel auquel il recourt afin d'atteindre son but le déshonore et donne de lui l'image d'un roi indigne de son rang.

"La fin justifie-t-elle les moyens?" fait aussi penser, bien sûr, à MACHIAVEL, dont le nom a donné, à tort, le mot "machiavélisme", absence totale de scrupules pour atteindre son but. L'histoire d'Oliverotto da Fermo, racontée dans <u>Le Prince</u>, mérite d'être citée en exemple. "A fin ignoble, moyens ignobles".

De notre temps, et pendant le règne d'Alexandre VI, Oliverotto da Fermo, demeuré plusieurs années auparavant orphelin en bas âge, fut élevé par un oncle maternel nommé Jean Fogliani... Jean Fogliani ne manqua point de faire tout ce qu'il put pour obliger son neveu. Il le fit recevoir honorablement par les habitants; il le logea dans sa maison, où, après quelques jours employés à faire les préparatifs nécessaires pour l'accomplissement de ses forfaits, Oliverotto donna un magnifique festin, auquel il invita et Jean Fogliani et les citoyens les plus distingués de Fermo. Après tous les services et les divertissements qui ont lieu dans de pareilles fêtes, il mit adroitement la conversation sur des sujets graves, parlant de la grandeur du pape Alexandre, de César, son fils, ainsi que de leurs entreprises. Jean Fogliani et les autres ayant manifesté leur opinion sur ce sujet, il se leva tout à coup, en disant que c'était là des objets à traiter dans un lieu plus retiré; et il passa dans une autre chambre, où les convives le suivirent. Mais à peine furent-ils assis, que des soldats, sortant de divers lieux secrets, les tuèrent tous, ainsi que Jean Fogliani. Aussitôt après ce meurtre, Oliverotto monta à cheval, parcourut le pays, et alla assiéger le magistrat suprême dans son palais; en sorte que la peur contraignit tout le monde à lui obéir et à former un gouvernement dont il se fit le prince.

SARTRE aborde aussi la question du MEURTRE POLITIQUE. Dans Les mains sales, Hugo, un idéaliste révolutionnaire, est confronté à un dilemme cornélien : pour servir les intérêts de la révolution, peut-il légitimement assassiner Hoederer, membre éminent de son parti, qui est aussi son ami et son rival?

Hugo: *Tous les moyens ne sont pas bons.*

Hoederer: *Tous les moyens sont bons quand ils sont efficaces... Comme tu tiens à ta pureté, mon petit gars ! Comme tu as peur de te salir les mains... La pureté, c'est une idée de fakir et de moine. Vous autres, les intellectuels, les anarchistes bourgeois, vous en tirez prétexte pour ne rien faire. Ne rien faire, rester immobile, serrer les coudes contre le corps, porter des gants. Moi, j'ai les mains sales. Jusqu'aux coudes. Je les ai plongées dans le sang. Est-ce que tu t'imagines qu'on peut gouverner innocemment ?*

Le recours à des moyens sanglants est aussi celui de l'héroïne Des petites filles et la mort de PAPADIAMANTIS (1851-1911). Cette nouvelle évoque le fardeau économique que représentent les filles dans une famille grecque du XIX ème siècle, à Skiathos où est né l'auteur. L'île est pauvre, les parents qui ont des filles doivent, pour les marier, leur offrir une maison, un champ d'oliviers et une somme d'argent. Soit ces dernières les ruinent, soit elles sont condamnées à rester vieilles filles. C'est pourquoi l'héroïne et meutrière Francoyannou Kadoula se réjouit lorsqu'elles meurent en bas âge. Puis germe un jour dans sa tête l'idée horrible de tuer les petites filles pour soulager leurs pères et mères.

Cette nuit-là, elle est entrée dans la chambre d'une jeune femme qui vient de mettre au monde une fille. A côté du berceau, veille la grand-mère qui se méfie, en vain.

L'accouchée dormait, on entendait le souffle de la fillette dans l'auge qui lui servait de berceau, sous le cercle de tonneau d'où pendait une fine mousseline. Parfois elle se mettait à geindre."Mi,mi, mi!"chuchotait alors sa grand-mère qui avait fermé un oeil, mais de l'autre, à la faible lumière de la veilleuse et dans la lueur vacillante du foyer, continuait à fixer intensément Francoyannou. Enfin au bout d'un temps très long, et bien qu'elle eut visiblement l'intention de ne pas céder, le sommeil traître la saisit peut-être précisément parce qu'elle observait avec trop d'insistance la femme qu'elle soupçonnait et elle s'endormit, au troisième chant du coq.

Le nouveau-né geignait toujours. Sa grand-mère n'était plus éveillée pour égréner le monotone mi,mi,mi…

L'accouchée ne s'était pas éveillée. La vieille Kadoula fit un léger mouvement, se souleva sur les genoux et atteignit le berceau. Elle écarta la mousseline blanche et avança la main pour caresser le nouveau-né tandis qu'il continuait à geindre. Elle ferma de la main la petite bouche pour l'empêcher de crier, jeta un regard du côté de

*l'accouchée puis sur le lit où la vieille était assoupie, toute tassée
sur elle-même.*

*La voix du bébé s'étouffa; Yannou n'avait plus à faire qu'un seul
geste. De l'autre main elle serra vigoureusement la gorge...Puis elle
ramena la mousseline pour la remettre en place sur le cercle de fer.*

Cette meurtrière s'imagine être le substitut d'une Providence qui ne
jouerait pas son rôle. Son but avoué est de sauver de la misère de
malheureux parents mais elle agit comme la pire des criminelles.
Folie tragique de se croire le bras armé de Dieu! Ses bonnes
intentions ne peuvent effacer l'horreur du crime.

En conclusion, dans la plupart des cas, la réponse à notre question,
est simple. Si la fin est honorable, elle suffit à justifier les moyens:
délivrer une jeune fille des griffes d'un tuteur abusif, faire sortir un
innocent de prison, servir un idéal. Si elle est injuste et dictée par le
seul intérêt, elle ne peut rendre acceptables des moyens inavouables
ou criminels.
Le seul dilemme d'ordre moral qui existe, c'est lorsqu'une cause
noble exige le prix du sang. Encore faut-il ne pas se tromper sur la
noblesse de la cause.

Cercle Louis XVI. Club rhétorique. décembre 2024

CHAPITRE XXV

LES AMIS SONT-ILS UNE FAMILLE QUE NOUS CHOISISSONS?

Est-il possible de comparer famille et amis? Nous tenons l'une des hasards de la naissance et les autres d'un choix plus ou moins conditionné par notre milieu. La première nous accompagne du début à la fin de notre vie. Les amis, eux, peuvent changer au fil des années. Pourquoi donc avons- nous besoin d'amis quand nous avons une parentèle?

Il existe des points communs entre les deux. Les sentiments inspirés par nos amis ressemblent à ceux que nous avons pour nos parents. Nous les aimons, nous avons besoin d'eux pour être heureux et réciproquement. Nous partageons avec eux nos joies et pouvons compter sur eux dans les difficultés. Au-delà du premier cercle, familial, les amis fonctionnent comme un second cercle protecteur.

Dès l'enfance, nous cherchons, parmi nos camarades de classe, ceux ou celles avec lesquels nous pourrons créer des LIENS AFFECTIFS FORTS. Il en est de même, par la suite, pendant tout le parcours scolaire et universitaire. Nous répugnons à la solitude; vitale est la nécessité de partager nos émotions, tant est grand notre besoin de reconnaissance et d'amour. On peut lire sur ce sujet le récit de belles amités enfantines ou adolescentes dans Les aventures de Tom Sawyer de Mark Twain, La gloire de mon père de Marcel Pagnol ou Le grand Meaulnes d'Alain- Fournier.

L'amitié réunit également des gens qui exercent le même métier. Ainsi les trois mousquetaires de DUMAS proclament leur fraternité dans un célèbre cri de guerre romantique, plein de panache et d'exaltation : *"Un pour tous et tous pour un"*.
Autre exemple, le métier de pilote, qui, aux débuts de l'aviation, favorise les amitiés fortes. Comme le raconte Antoine de Saint-Exupéry dans Vol de nuit, le danger crée des liens privilégiés entre ceux qui luttent ensemble pour survivre pendant une tempête ou après le crash d'un appareil.
Dans les circonstances terribles de la guerre, aussi, les soldats connaissent la valeur de cette amitié virile, si forte qu'on nomme ceux qui affrontent ensemble la mort, des FRERES D'ARMES.

Mais il ne faut pas confondre ces amitiés au pluriel, si belles soient-elles, avec l'Ami au singulier, unique. Les Grecs et les Romains de l'Antiquité, contrairement à nous, valorisaient davantage l'amitié que l'amour, désignée par le même mot grec "philia". Achille et Patrocle, Oreste et Pilade étaient les exemples les plus célèbres de cette amitié idéale.
Le philosophe et orateur CICERON, dans le De amicitia, disait que *sans la vertu, il ne peut être d'amitié véritable*. Sinon, rivalité, jalousie, haine, trahison viennent à la corrompre et à la détruire. Elle ne peut naître *que dans les coeurs qui se ressemblent; elle n'est autre chose que le parfait accord de deux âmes avec une bienveillance et*

une affection mutuelle. L'avantage d'aimer et d'être aimé est, après la sagesse, le plus beau cadeau que l'homme ait reçu des dieux.

Dans certains cas, rares et précieux, l'ami est plus qu'un frère; c'est un ALTER EGO, un autre soi-même, selon la célèbre formule de MONTAIGNE à propos de son amitié avec La Boétie:
Si on me presse de dire pourquoi je l'aimais, je sens que cela ne se peut exprimer qu'en répondant: "Parce que c'était lui, parce que c'était moi".
Cette fraternité élective lui apparaît prédestinée *"selon quelque ordonnance du ciel"* et inexplicable.
Si je compare toute ma vie aux quatre années qu'il m'a été donné de jouir de la douce compagnie et société de ce personnage, ce n'est que fumée, ce n'est qu'une nuit obscure et ennuyeuse. Depuis le jour que je le perdis, je ne fais que traîner languissant; et les plaisirs mêmes qui s'offrent à moi, au lieu de me consoler, me redoublent le regret de sa perte. Nous étions à moitié de tout; il me semble que je lui dérobe sa part. J'étais déjà si fait et accoutumé à être deuxième partout qu'il me semble n'être plus qu'à demi. De l'amitié. On songe à HORACE appelant Virgile *"la moitié de son âme".*
L'amitié donne un sens à la vie, elle est SOURCE DE BONHEUR. Elle a la même toute-puissance que l'amour.

SAINT-EXUPERY ne dit pas autre chose dans la merveilleuse leçon que donne le renard au petit Prince :
- Je cherche des amis, dit le petit prince. Qu'est-ce que signifie "apprivoiser"?
- C'est une chose trop oubliée, dit le renard. Ça signifie "créer des liens."
- Créer des liens?
- Bien sûr, dit le renard. Tu n'es encore pour moi qu'un petit garçon semblable à cent mille petits garçons. Et je n'ai pas besoin de toi. Et

188

tu n'as pas besoin de moi non plus. Je ne suis pour toi qu'un renard semblable à cent mille renards. Mais, si tu m'apprivoises, nous aurons besoin l'un de l'autre. Tu seras pour moi unique au monde. Je serai pour toi unique au monde...
Si tu m'apprivoises, ma vie sera comme ensoleillée. Je connaîtrai un bruit de pas qui sera différent de tous les autres. Les autres pas me font rentrer sous terre. Le tien m'appelera hors du terrier, comme une musique...
On ne connaît que les choses qu'on apprivoise, dit le renard. Les hommes n'ont plus le temps de rien connaître. Ils achètent des choses toutes faites chez les marchands. Mais comme il n'existe point de marchands d'amis, les hommes n'ont plus d'amis. Si tu veux un ami, apprivoise-moi!
- Que faut-il faire? dit le petit prince.
- Il faut être très patient, répondit le renard. Tu t'assoiras d'abord loin de moi, comme ça, dans l'herbe. Je te regarderai du coin de l'oeil et tu ne diras rien. Le langage est source de malentendus. Mais, chaque jour, tu pourras t'asseoir un peu plus près...
Le lendemain revint le petit prince.
- Il eût mieux valu revenir à la même heure, dit le renard. Si tu viens, par exemple à quatre heures de l'après midi, dès trois heures, je commencerai d'être heureux. Plus l'heure avancera, plus je me sentirai heureux. A quatre heures, déjà, je m'agiterai et m'inquiéterai; je découvrirai le prix du bonheur! Mais si tu viens n'importe quand, je ne saurai jamais à quelle heure m'habiller le coeur...Il faut des rites. <u>Le Petit Prince</u> chapitre XXI

Il ne faut pas croire que Saint-Exupéry s'en tient à une recherche égotiste du bonheur et oublie la valeur universelle de l'amitié. Dans son roman autobiographique <u>Terre des hommes,</u> il nous invite à élargir le sentiment de fraternité à l'humanité tout entière. En 1935, lui et son navigateur, André Prévot, sont victimes d'un accident d'avion dans le Sahara libyen; ils sont sur le point de mourir de soif quand ils sont sauvés in extremis par un bédouin qui les a aperçus de loin.

Quant à toi qui nous sauves, Bédouin de Libye, tu t'effaceras cependant à jamais de ma mémoire. Je ne me souviendrai jamais de ton visage. Tu es l'Homme et tu m'apparais avec le visage de tous les hommes à la fois. Tu ne nous as jamais dévisagés et déjà tu nous as reconnus. Tu es le frère bien-aimé. Et, à mon tour, je te reconnaîtrai dans tous les hommes.

Ces paroles rappellent celles du Christ dans le <u>Nouveau Testament</u>.

Ainsi, au-delà du premier cercle familial, constitué par les liens du sang, au-delà du second cercle amical, fait de liens choisis, il en existe un troisième, UNIVERSEL, dans lequel nous devrions nous reconnaître tous comme frères humains.

Aujourd'hui, ce message d'amitié entre les peuples et les religions est repris par le PAPE FRANCOIS, dans l'Encyclique *"FRATELLI TUTTI, sur la fraternité et l'amitié sociale"* datée du 3 octobre 2020, veille de la fête du "Poverello". Il nous demande de créer des liens, et non pas des murs, entre tous les enfants de Dieu. Et il prêche par l'exemple. De même que son saint patron, Saint François d'Assise s'est rendu en Egypte, en 1219, lors du siège de Damiette, pour recontrer le sultan d'Egypte Malik-el-Kâmil, de même, François est allé nouer un dialogue avec le Grand Imam de la mosquée d'Al-Azhar, Ahmed Al-Tayyeb qu'il appelle son ami. Fondée sur le désir de rencontrer l'autre et sur la compréhension mutuelle, la fraternité universelle seule peut chasser les démons de la peur et amener à la paix.

Le paradoxe de notre monde contemporain est que *la société toujours plus mondialisée nous rapproche mais ne nous rend pas frères. Plus que jamais nous nous trouvons seuls dans ce monde de masse qui fait prévaloir les intérêts individuels et affaiblit la dimension communautaire de l'existence.*

Seule la fraternité, l'amour d'autrui, peut briser les chaînes qui nous isolent et qui nous séparent en jetant des ponts; un amour qui nous permet de construire une grande famille où nous pouvons tous nous sentir chez nous.

Jésus ne nous invite pas à nous demander qui est proche de nous, mais à nous faire proches, prochains: "TU AIMERAS TON PROCHAIN COMME TOI-MÊME".

Inversement, quiconque élève un mur finira par être un esclave dans les murs qu'il a construits.

Le fait de constituer un couple ou d'avoir des amis doit ouvrir nos coeurs à d'autres cercles pour nous rendre capables de sortir de nous-mêmes de sorte que nous accueillons tout le monde. Les groupes fermés et les couples autoréférentiels, qui constituent un "nous" contre tout le monde, sont souvent des formes idéalisées d'égoïsme et de pure auto-préservation.

La société ressemble à un polyèdre où les différences coexistent en se complétant, en s'enrichissant et en s'éclairant réciproquement, même si cela implique des discussions et de la méfiance.

Tous ensemble: voici un très beau secret pour rêver et faire de notre vie une belle aventure. Personne ne peut affronter la vie de manière isolée...Nous avons besoin d'une communauté qui nous soutient, qui nous aide et dans laquelle nous nous aidons mutuellement à regarder de l'avant.

Un projet visant de grands objectifs pour le développement de toute l'humanité apparaît aujourd'hui comme un délire. Les distances entre nous augmentent, tout comme la marche , difficile et lente, vers un monde uni et plus juste, subit un recul nouveau et drastique. Isolement, non, proximité, oui. Culture de l'affrontement, non, culture de la rencontre, oui. Car reste manifeste cette heureuse appartenance commune : le fait d'être frères.

Concluons. Sur le plan individuel, l'amitié crée des liens avec autrui, elle nous rend plus HEUREUX. A l'échelle de l'humanité, fondée sur le sentiment profond que nous sommes tous frères en Dieu, elle refuse la haine de l'autre, elle nous rend plus HUMAIN.

Cercle Louis XVI. Club rhétorique. Janvier 2025

CHAPITRE XXVI

DIEU JOUE-T-IL AUX DES ?

La célèbre phrase d'EINSTEIN : « *Dieu ne joue pas aux dés* » présente de manière imagée et familière l'incompatibilité métaphysique entre hasard et Providence. Parce qu'il croit en Dieu qu'il appelle amicalement « le Vieux », Einstein ne peut se résoudre à faire du mouvement brownien la clef d'explication du monde. Il existe, de fait, trois façons de concevoir la vie : sous l'angle du hasard, de la fatalité ou de la Providence. Le hasard est indifférent au sort des hommes. En revanche, la Providence traduit la sollicitude cachée du Créateur pour les humains. Quant à la Fatalité, « Ananké » en Grec, « Fatum » en Latin, « Mekhtub » en Arabe, elle est un troisième concept, très ancien, qui suppose que le destin des hommes est déjà écrit avant leur naissance et que, de ce fait, ils ne jouissent, pendant leur vie, d'aucune liberté pour en changer le cours.

Parlons d'abord du HASARD. Son origine viendrait d'un mot arabe signifiant « dés à jouer ». Il se définit comme la rencontre de deux séries causales indépendantes. C'est un principe de désordre, à l'origine de la théorie du chaos.
DIDEROT le place aussi au coeur même de l'existence humaine, comme il est écrit au début de <u>Jacques le Fataliste</u> :

Comment s'étaient-ils rencontrés ? Par hasard, comme tout le monde. Comment s'appelaient-ils ? Que vous importe ? D'où venaient-ils ? Du lieu le plus prochain. Où allaient-ils ? Est-ce que l'on sait où l'on va ?

Ces interrogations annoncent, deux siècles plus tard, la philosophie de l'Absurde de Camus, illustrée par <u>L'Etranger</u>. Lorsque Meursault, le héros, cherche un sens au meurtre de l'arabe, il ne trouve pas d'autre explication qu'un éblouissement dû au soleil qui brille sur la lame du couteau de son adversaire.

En Histoire, le hasard joue également un rôle. Il peut perturber les dynasties, en faisant ou défaisant les rois. Un cochon errant rue Saint Antoine à Paris provoque la chute d'un cheval monté par le fils aîné du souverain Louis VI Le Gros et fait accéder au trône son cadet, le futur mari d'Aliénor d'Aquitaine, à peine âgé de 11 ans, le 25 octobre 1131, à Reims.

Le 7 avril 1498, le roi Charles VIII, premier époux d'Anne de Bretagne, heurte un linteau de porte, trop bas, à l'entrée d'une galerie du château d'Amboise. Il meurt quelques heures plus tard, et, avec lui, s'éteint la branche directe des Valois.

Le hasard a, parfois aussi, décidé du début ou de la fin des guerres. Aliénor donne à Louis VII deux filles, Marie et Alix. Et à son second époux, Henri II d'Angleterre, cinq fils. Le hasard qui préside au sexe des bébés, a contribué à enclancher la guerre de Cent ans.

Catherine de Médicis a eu dix enfants, dont cinq fils, mais aucun petit-fils, comme le lui ont prédit ses astrologues. C'est ainsi, de manière improbable, qu'Henri IV devient roi de France et met fin aux guerres de religion.

Contrairement au hasard qui est un concept clairement athée, la PROVIDENCE est le nom donné par les Chrétiens au dessein de Dieu qui conduit les hommes vers un avenir meilleur, fait de justice et de paix. Ils pensent que ce qu'on appelle hasard est une manifestation de cette Providence, que l'impulsion qui a mis le monde en mouvement est l'effet de l'action d'une cause intelligente et non pas d'un «hasard aveugle». Pour eux, la Providence divine justifie même l'idée que le mal est un élément nécessaire à l'ordre du monde et à la naissance du bien. C'est ce qu'apprend l'ange Jesrad à Zadig, dans le conte éponyme de VOLTAIRE.

« Tout ce que tu vois sur le petit atome où tu es né devait être dans sa place et dans son temps fixe, selon les ordres immuables de celui qui embrasse tout. Les hommes pensent que cet enfant qui vient de périr est tombé dans l'eau par hasard, que c'est par un même hasard que cette maison est brûlée: mais il n'y a point de hasard; tout est épreuve, ou punition, ou récompense, ou prévoyance. Souviens-toi de ce pêcheur qui se croyait le plus malheureux de tous les hommes. Orosmade t'a envoyé pour changer sa destinée. Faible mortel! cesse de disputer contre ce qu'il faut adorer. — Mais, dit Zadig... »
Comme il disait mais, l'ange prenait déjà son vol vers la dixième sphère. Zadig, à genoux, adora la Providence, et se soumit. L'ange lui cria du haut des airs : « Prends ton chemin vers Babylone. »
<u>Zadig</u>

En réalité, le texte de Voltaire, qui ne croit qu'en un Dieu lointain, le Grand Horloger, indifférent au sort des hommes, est une condamnation de l'idée de Providence et une moquerie à l'encontre de ceux qui y croient. En effet, pour lui, comment voir un Dieu providentiel dans un monde qui n'est que misères, guerres et catastrophes ?

A l'inverse du philosophe ironique et sceptique, BERNARDIN DE SAINT-PIERRE voit la Providence divine partout, jusqu'à la caricature: n'a-t-il pas écrit : « *Il n'y a pas moins de convenance dans les formes et les grosseurs des fruits. Il y en a beaucoup qui sont taillés pour la bouche de l'homme, comme les cerises et les prunes; d'autres pour sa main, comme les poires et les pommes; d'autres beaucoup plus gros comme les melons, sont divisés par côtes et semblent destinés à être mangés en famille: il y en a même aux Indes, comme le jacq, et chez nous, la citrouille qu'on pourrait partager avec ses voisins. La nature paraît avoir suivi les mêmes proportions dans les diverses grosseurs des fruits destinés à nourrir l'homme que dans la grandeur des feuilles qui devaient lui donner de l'ombre dans les pays chauds; car elle y en a taillé pour abriter une seule personne, une famille entière, et tous les habitants du même hameau.* » <u>Harmonies de la nature</u> 1784.

Certains considèrent quelques signes éclatants comme des interventions de Dieu dans l'histoire des hommes et de la France en particulier.

Le premier auquel nous pensons est la vision de Constantin Ier qui aperçut dans le ciel le chrisme et l'inscription : « *In hoc signo vinces* » (Par ce signe, tu vaincras), peu avant la bataille du pont Milvius en 312. Il remporte le combat malgré son infériorité numérique, et, pour remercier Dieu, fait proclamer l'édit de Milan qui autorise désormais la liberté de culte aux Chrétiens.

Citons aussi Sainte Geneviève qui, à 28 ans, lors du siège de Paris, en 451, convainc les habitants de la capitale de ne pas fuir devant les Huns d'Attila.

Et bien-sûr, Jeanne d'Arc, jeune bergère inexpérimentée dans le métier des armes, qui réussit miraculeusement à bouter les Anglais hors de France, avec l'aide de Dieu.

Dans notre pays, on aime à penser que certains hommes, politiques ou militaires, furent providentiels. Comme le Général de

Gaulle, simple colonel qui réussit à s'imposer auprès des Grands de ce monde comme le seul représentant légitime de la France.

Intéressons-nous, pour terminer, à la FATALITE, dont la légende d'Oedipe est la plus tragique illustration. L'oracle de Delphes prédit qu'il tuera son père et épousera sa mère. Il fuit ses parents adoptifs, le roi et la reine de Corinthe, qu'il croit être ses vrais parents et tombe dans le piège du destin : il tue Laïos et épouse Jocaste. Ses fils sont ses frères et ses filles ses sœurs.

Voici ce qu'en écrit Jean COCTEAU (1889-1963) dans le Prologue de La machine infernale.

Un jour, la peste éclate. Les dieux accusent un criminel anonyme d'infecter le pays et ils exigent qu'on le chasse. De recherche en recherche et comme enivré de malheur, Oedipe arrive au pied du mur. Le piège se ferme. Lumière est faite. Avec son écharpe rouge Jocaste se pend. Avec la broche d'or de la femme pendue, Oedipe se crève les yeux.

Regarde, spectateur, remontée à bloc, de telle sorte que le ressort se déroule avec lenteur tout le lond d'une vie humaine, une des plus parfaites machines construites par les dieux infernaux pour l'anéantissement mathématique d'un mortel.

Les efforts d'Oedipe pour échapper à la fatalité ont été vains. L'homme est impuissant à lutter contre son destin. La fatalité est d'essence tragique.

Cependant, certains penseurs ou écrivains n'hésitent pas à tourner en dérision ce concept. Comme notre philosophe athée Diderot qui utilise le plus vulgaire des avatars, le cocuage, pour s'en moquer dans Jacques le fataliste:

On a voulu me persuader que son maître et Desglands étaient devenus amoureux de sa femme. Je ne sais ce qui en est, mais je suis sûr que Jacques se disait le soir à lui-même: « S'il est écrit là-haut que tu seras cocu, Jacques, tu auras beau faire, tu le seras; s'il est écrit au contraire que tu ne le seras pas, ils auront beau faire, tu ne le seras pas; dors donc, mon ami… » et il s'endormait.

Remarquons au passage qu'on peut, comme on le voit, se moquer de la Providence et de la fatalité mais qu'il est impossible de rire du hasard. Cela dit, réfléchir à ces trois concepts revient à s'interroger sur le sens de l'existence, et le choix de chacun varie en fonction de ses convictions philosophiques ou religieuses. Mais personne ne pourra apporter de réponse définitive, mathématique ou métaphysique, à l'ENIGME de la vie.

« *Que Sera, Sera* …» comme chante Doris Day

Cercle Louis XVI. Club rhétorique. Mars 2025

CHAPITRE XXVI

LA CURIOSITE EST-ELLE UN VILAIN DEFAUT ?

La curiosité est-elle un vilain défaut féminin et... une belle qualité masculine?

On pourrait le croire si l'on en juge par les grands textes sacrés et mythiques. A qui s'est adressé le serpent, autrement dit le diable, pour susciter la curiosité du couple d'humains créés par Dieu et les pousser à la désobéissance? A Eve. Qui a ouvert la boîte d'où se sont échappés tous les maux qui allaient s'abattre sur la terre? Pandore. Pourquoi raconte-t-on que l'origine des malheurs de l'humanité est imputable à des femmes poussées par la curiosité, alors que, depuis la nuit des temps, ce sont les hommes qui décident du sort du monde ?

La curiosité peut être tout simplement le désir de savoir ce qui se passe chez le voisin. Ce défaut est commun à toutes sortes de femmes: les houris confinées dans le harem, les épouses recluses dans le gynécée, les ménagères retenues à la maison ou les concierges assises dans leur loge. Toutes ces femmes, parce qu'elles sont condamées à rester enfermées, rêvent, sinon de sortir, du moins de regarder ce qui se passe dehors, par le moucharabieh, la jalousie ou la simple fenêtre. Condamnées à l'inaction, elles tirent de ce qu'elles ont vu toutes sortes de commérages, indiscrétions, calomnies ou même dénonciations.

De la concierge à l'indicatrice de police, il n'y a qu'un pas que franchit aisément Balzac dans Le père Goriot en faisant de madame Vauquer, la propriétaire de la célèbre pension du même nom, un agent au service de la police, qui aide à l'arrestation de l'ancien bagnard Vautrin. Dumas, lui, choisit une traîtresse anglaise, Milady de Winter, pour en faire une espionne au service du cardinal de Richelieu.

Mais la curiosité, pratiquée au masculin et... au cinéma, peut avoir des vertus inattendues. Ainsi, le journaliste joué par James Stewart, dans Fenêtre sur cour d'Hitchcock, immobilisé chez lui par une jambe dans le plâtre, passe son temps à regarder chez ses voisins avec des jumelles. C'est mal, mais bien lui en prend, car il réussit à confondre l'assassin qui habite en face de chez lui.

Avant d'être masculine ou féminine, la curiosité est d'abord fondamentalement ANIMALE. C'est le propre du petit animal qui, dès les premiers jours suivant sa naissance, quitte ses parents pour partir seul à la découverte du vaste monde. Le jeune loup Croc Blanc dans le roman éponyme de Jack LONDON en fait la merveilleuse expérience :

Croître et vivre lui inculquaient la désobéissance, car la vie, c'est la recherche de la lumière, et le louveteau rampait vers l'ouverture de la caverne.

Différent des autres murs dont il avait fait l'expérience, le mur de lumière semblait reculer devant lui, à mesure qu'il en approchait. Nulle surface dure ne froissait le tendre petit museau qu'il avançait prudemment. La substance du mur semblait perméable et bienveillante. Il entrait dedans, il se baignait dans ce qu'il avait cru de la matière.

A l'origine de la curiosité on trouve LE DESIR, coupable ou non, de connaître ce qui est inconnu ou INTERDIT. Ainsi, Adam et Eve désirent goûter à la pomme de l'arbre de la connaissance que Dieu leur a défendu de manger. Dans le texte biblique se trouvent réunis les quatre composantes essentielles de la curiosité : la désobéissance, la sexualité, la soif de connaissance et le malheur.

Commençons par la DESOBEISSANCE. Elle est condamnée par Dieu et par les hommes. Le devoir d'obéissance vise à maintenir l'ordre social par la crainte et la répression. C'est pourquoi il est bon d'apprendre aux enfants à obéir dès le plus jeune âge. Et de leur montrer grâce à de multiples contes que la curiosité de l'héroïne – presque jamais du héros- est sévèrement punie par un malheur immédiat pour elle-même et son entourage.

En voici quelques exemples :

Le conte d' Amour et Psyché (Apulée, II ème siècle après J.C) est l'histoire d'une belle jeune fille dont le dieu Eros tombe amoureux. Elle vit dans un palais merveilleux où il ne la rejoint que la nuit car elle a l'interdiction de voir son visage, au risque d'être séparée de lui à jamais. Mais, un soir, dévorée par la curiosité, elle approche une bougie au-dessus de son mari endormi. Il est si beau qu'elle s'oublie dans la contemplation de son visage; la bougie coule et réveille le jeune dieu. Les amants sont séparés... jusqu'à ce que Zeus leur pardonne leur désobéissance.

Charles PERRAULT raconte comment la jeune femme de Barbe bleue désobéit à son mari et pénètre dans la chambre interdite où elle découvre les cadavres des précédentes épouses. Elle risque à son tour de mourir, elle implore l'aide de sa sœur : « *Anne, ma sœur Anne, ne vois-tu rien venir?* » *Et la sœur Anne lui répondait : Je ne vois rien que le soleil qui poudroie, et l'herbe qui verdoie.* » Barbe bleue

(1697). Elle est finalement sauvée in extremis par l'arrivée de ses frères.

Dans La petite souris grise (1850) de la comtesse de SEGUR, un père a interdit à sa fille d'ouvrir la porte du cabanon situé au fond du jardin, car il y a enfermé une méchante sorcière transformée en souris. La jeune fille lutte en vain pour ne pas désobéir, mais cède à la tentation. Elle et son père tombent au pouvoir de la sorcière.

La chèvre de Monsieur Seguin (1887) d'Alphonse DAUDET offre une version plus noire de l'émancipation puisque le désir de découverte et de liberté de la petite chèvre la conduit à la mort. *Enfin! dit la pauvre bête, qui n'attendait plus que le jour pour mourir; et elle s'allongea par terre dans sa belle fourrure blanche toute tachée de sang... Alors le loup se jeta sur la petite chèvre et la mangea.*

La curiosité, comme on peut le constater dans certains de ces contes, est liée au DESIR SEXUEL. Elle opère le passage de l'enfance et de la soumission vis à vis du père au mariage et à la découverte de la sexualité. Ainsi lorsque le mauvais sort cesse de frapper l'héroïne, celle-ci peut enfin épouser son prince charmant. *Tout était prêt pour la cérémonie de mariage qu'on célébra immédiatement; toutes les fées assistèrent aux fêtes qui durèrent plusieurs jours.* La petite souris grise

La curiosité n'est pas seulement un défaut, c'est aussi une QUALITE, nécessaire pour faire progresser la science. Elle se nomme alors CURIOSITE INTELLECTUELLE. A la différence du désir banal de nous mêler de ce qui ne nous regarde pas, elle est une éminente qualité, à l'origine des progrès de l'humanité et de la marche continue de l'homme vers la civilisation. Nombreux sont les exemples de savants et de génies dont la curiosité a permis des découvertes fondamentales. Eratosthène (276 avant J-C/194 avant J-

C), en comparant l'ombre de deux bâtons plantés, l'un à Assouan, l'autre à Alexandrie, en déduisit, avec une très faible marge d'erreur, la circonférence de la terre. Archimède (287 avant J-C /212 avant J-C), aurait, dans son bain, dit la légende, inventé le théorème qui porte aujourd'hui son nom. Copernic (1473/1543) et Galileo Galilei (1564/1642), en observant le ciel étoilé, ont compris que la terre tournait autour du soleil et non le contraire. L'étonnement, que les Grecs anciens appelaient « thauma », est à l'origine de toute découverte scientifique.

La curiosité a aussi poussé des EXPLORATEURS, ignorants du danger, à aller toujours plus loin, vers des terres inconnues. Alexandre le Grand (356 / 323 avant J-C) s'est avancé jusqu'à l'Indus, et, pour la première fois, a assisté au phénomène des marées qui effraya si fort ses hommes, quand, au petit matin, ils crurent que la mer avait disparu. Christophe Colomb (1451/1506) et Ferdinand de Magellan (1480/1521) ont, les premiers, traversé les océans. Il faut saluer autant la curiosité que l'intrépidité de ces hommes, égale à celle des astronautes qui partirent pour la première fois dans l'espace et se posèrent sur la lune.

Cependant la curiosité peut avoir des CONSEQUENCES MALHEUREUSES. Adam et Eve, nous l'avons dit, pour avoir croqué la pomme de la connaissance, sont chassés du paradis terrestre.
De nos jours, des journalistes, des lanceurs d'alerte, curieux de découvrir la vérité derrière les mensonges officiels de la politique ou de l'industrie, le payent très cher, par des licenciements, des peines d'emprisonnement ou même la mort. Citons Edward Snowden, incarcéré pour avoir dénoncé les pratiques d'espionnage généralisé

du Deep State nord-américain, et qui n'a retrouvé la liberté que très récemment.

Pour conclure, la curiosité apparaît inscrite au coeur des êtres humains comme un désir fondamental, même si elle recouvre deux réalités bien différentes, qu'il faudrait désigner par des vocables distincts. Au sens d'indiscrétion, c'est un défaut qui pousse à voir ce qui ne nous regarde pas, à médire, parfois à nuire. Au sens de *libido sciendi*, en revanche, elle permet à certains hommes de comprendre ce que cache l'apparence des choses; et, à chaque découverte d'importance, la perception que nous avons du monde en est changée.

Cercle Louis XVI. Club rhétorique. Avril 2025

CHAPITRE XXVIII

LA PARESSE EST-ELLE UN VICE OU UNE VERTU ?

La religion catholique compte la paresse au nombre des sept péchés capitaux et pour condamner l'oisiveté utilise deux arguments de poids : le premier, la malédiction divine à l'encontre d'Adam, conséquence du péché originel : « *Tu gagneras ton pain à la sueur de ton front* » <u>Genèse</u>, 3,19 ; le second, les dangers qu'elle fait courir à la morale : l'oisiveté est mère de tous les vices. L'apôtre PAUL s'exprime avec plus de rudesse encore : « *Si quelqu'un ne veut pas travailler, qu'il ne mange pas non plus* » (<u>Deuxième épître aux Thessaloniciens</u>), « *Si tu es un homme, va, travaille et mange le pain de ta fatigue* » (<u>Avis aux contemplatifs qui ne veulent rien faire mais vivre seulement d'aumônes</u>). Condamner la paresse revient à faire l'éloge du travail, dans une perspective religieuse, morale et aussi économique : le capitalisme, en effet, vient s'appuyer sur cette valeur travail inculquée par l'Église depuis deux mille ans.
 Inversement, faire l'éloge de la paresse est un exercice paradoxal, mais pratiqué dès l'Antiquité, qui acquiert ses lettres de noblesse grâce à d'illustres écrivains comme Sénèque. Le travail, vulgaire, associé à l'idée d'esclavage et à la satisfaction de besoins matériels, s'oppose au temps libre du philosophe, voué à l'étude. L'« *otium cum dignitate* », repos honorable, s'oppose au « *negotium*», le travail.

MONTAIGNE reprend à son compte cette conception épicurienne, au chapitre VIII des Essais intitulé « De l'oisiveté » : *Dernièrement je me retirai chez moi, décidé autant que je le pourrais à ne pas me mêler d'autre chose que de passer en repos, en m'isolant, ce peu qui me restait de vie : il me semblait que je ne pouvais faire à mon esprit une plus grande faveur que de le laisser en pleine oisiveté s'entretenir avec lui-même.*
Le travail, quel qu'il soit, en raison des contraintes qu'il impose, est un obstacle à la réflexion. Il détourne l'intellectuel de la méditation nécessaire pour réfléchir sur lui-même et sur le monde.

Un siècle plus tard, un autre Epicurien, nourri aux mêmes sources antiques mais d'une nature plus rêveuse, LA FONTAINE, fait l'éloge paradoxal du gaspillage, de l'insouciance et de la paresse. En tant qu'artiste, il revendique le droit de se comporter autrement que le commun des mortels et de préférer le mode de vie de la cigale à celui de la fourmi. L'une amasse des biens, l'autre chante le plaisir de vivre au jour le jour. Voici ce qu'il écrit dans l'« *Epitaphe d'un paresseux* »:
Jean s'en alla comme il était venu
Mangea le fonds avec le revenu,
Tint les trésors chose peu nécessaire.
Quant à son temps, bien le sut dispenser:
Deux parts en fit, dont il soulait passer
L'une à dormir et l'autre à ne rien faire.

MADAME DE SEVIGNE, lorsqu'elle écrit dans la langue de Dante : *Bella cosa far niente ! Quelle belle chose que de ne rien faire !* pense comme son ami La Fontaine. Elle aussi se plaît à affirmer la supériorité d'une société aristocratique, ignorante des soucis domestiques et financiers et fondée sur un art de vivre où se mêlent plaisirs mondains et activités culturelles.

Dans une tout autre perspective, philosophique, fondée sur l'opposition entre l'homme primitif et l'homme civilisé, Jean-Jacques ROUSSEAU s'interroge, à son tour, sur la question de la paresse dans l' Essai sur l'origine des langues (1781)

Il est inconcevable à quel point l'homme est naturellement paresseux. On dirait qu'il ne vit que pour dormir, végéter, rester immobile; à peine peut-il se résoudre à se donner les mouvements nécessaires pour s'empêcher de mourir de faim. Rien ne maintient tant les sauvages dans l'amour de leur état que cette délicieuse indolence. Les passions qui rendent l'homme inquiet, prévoyant, actif, ne naissent que dans la société. Ne rien faire est la première et la plus forte passion de l'homme après celle de se conserver. Si l'on y regardait bien, l'on verrait que, même parmi nous, c'est pour parvenir au repos que chacun travaille: c'est encore la paresse qui nous rend laborieux.

A l'état de nature, l'homme ne fait rien, car la nature subvient à ses besoins essentiels sans qu'il lui soit nécessaire de faire des efforts. Inversement, la société crée chez l'individu sociabilisé des passions nouvelles comme la cupidité, l'envie, le désir de compétition qui le poussent à travailler sans relâche. Notre philosophe, esprit contestataire, démontre l'inanité et la vanité profonde du travail dont le but ultime serait d'atteindre... à un repos mérité. Rousseau condamne le travail, non comme Montaigne, pour privilégier la réflexion philosophique, ni comme les courtisans de Versailles, pour goûter les plaisirs d'une vie facile, mais pour obéir à la nature et revenir à ce qu'il considère comme l'instinct le plus profond chez l'homme, l'état végétatif...

Cette contradiction analysée par Rousseau, est mise en scène par BEAUMARCHAIS et incarnée par son valet Figaro. Celui-ci, plein de ressources et de malice, associe le goût de toucher à tous les métiers, imposé par la nécessité de subsister, au penchant à ne rien faire, dû à sa nature insouciante et paresseuse. Le peuple français, se reconnaît volontiers en lui, ingénieux et laborieux en même temps que paresseux. Lorsqu'il entre en scène dans <u>Le Barbier de Séville</u> (1775), Figaro chante :

Le vin et la paresse
Se partagent mon cœur :
Si l'une est ma maîtresse,
L'autre est mon serviteur.

Et il se définit lui-même comme : *un jeune homme ardent au plaisir, ayant tous les goûts pour jouir, faisant tous les métiers pour vivre, maître ici, valet là, selon qu'il plaît à la fortune; ambitieux par vanité, laborieux par nécessité, mais paresseux... avec délices ! orateur selon le danger, poète par délassement; musicien par occasion, amoureux par folles bouffées.*

DIDEROT aborde, lui aussi, la question de l'oisiveté à travers la figure du Bon Sauvage. La paresse acquiert ses lettres de noblesse sous les Tropiques, au contact d'une Nature primitive érigée en nouveau modèle de vie. Apprécier les joies simples de la vie naturelle, loin des corruptions du monde civilisé, devient une utopie à la mode. Dans le *Supplément au voyage de Bougainville*, Orou, le chef des Otahitiens, parle ainsi à Bougainville, le colonisateur : *Nous ne voulons point troquer ce que tu appelles notre ignorance contre tes inutiles lumières. Tout ce qui nous est nécessaire et bon nous le possédons. Sommes-nous dignes de mépris parce que nous n'avons pas su nous faire des besoins superflus? Lorsque nous avons faim, nous avons de quoi manger; lorsque nous avons froid, nous avons de quoi nous vêtir. Tu es entré dans nos cabanes, qu'y manque-t-il à ton avis? Poursuis jusqu'où tu voudras ce que tu appelles commodités de la vie, mais permets à des êtres sensés de s'arrêter, lorsqu'ils n'auraient à obtenir de la continuité de leurs pénibles efforts que des biens imaginaires. Si tu nous persuades de franchir l'étroite limite du besoin, quand finirons-nous de travailler, quand jouirons-nous? Nous avons rendu la somme de nos fatigues annuelles et journalières la moindre qu'il était possible, parce que rien ne nous paraît préférable au repos. Va dans ta contrée t'agiter, te tourmenter tant que tu voudras. Laisse-nous reposer; ne nous entête ni de tes besoins factices, ni de tes vertus chimériques."*

LAFARGUE, dans le <u>Droit à la la paresse</u> (1880), dénonce le sur-travail de 12 à 14 h par jour qui épuise les ouvriers. Et il démontre comment la surproduction amène à la crise économique.
Parce que prêtant l'oreille aux fallacieuses paroles des économistes, les prolétaires se sont livrés corps et âme au vice du travail, ils précipitent la société tout entière dans ces crises industrielles de surproduction qui convulsent l'organisme social. Alors, parce qu'il y a pléthore de marchandises et pénurie d'acheteurs, les ateliers se ferment et la faim cingle les populations ouvrières de son fouet aux mille lanières. Les prolétaires abrutis par le dogme du travail, ne comprenent pas que le sur-travail qu'ils se sont infligé pendant le temps de prétendue prospérité est la cause de leur misère présente.

Cependant, après cette critique du travail, corollaire de l'éloge de la paresse, il faut avouer que la paresse est aussi un défaut.
Elle dénote une absence de goût pour l'effort. Or, ce dernier procure de grandes joies lorsqu'à force de persévérance, il permet d'obtenir le fruit de son travail et de sa peine. La satisfaction d'avoir accompli son devoir ou son rêve, en travaillant beaucoup, est supérieure à nombre de plaisirs acquis sans difficulté. Tous les sportifs de haut niveau peuvent en témoigner et le montrent aux spectateurs lorsqu'éclate leur émotion à l'instant de la victoire.

La paresse peut enfin dégénérer en dégoût de la vie, *taedium vitae ou acedia*. Celui qui a déjà tout et n'a pas besoin de travailler pour vivre, risque d'être confronté au vide de son existence et à la tentation de gâcher dans l'alcool ou la drogue tout ce qu'il possède. Pour emprunter un exemple à la littérature, Michel Tournier, dans son Robinson Crusoé, nous peint un homme qui survit grâce aux contraintes du travail qu'il s'impose et plonge dans la dépression quand il cesse de donner un but à son existence.

Un jour qu'il avait cassé sa bêche et laissé échapper sa meilleure chèvre laitière, Robinson céda au découragement. Il reprit le chemin de la souille. Là il ôta ses vêtements et se laissa glisser dans la boue tiède. Aussitôt les vapeurs empoisonnées de l'eau croupie où tournoyaient des nuages de moustiques l'enveloppèrent et lui firent perdre la notion du temps. Il comprit ainsi que le danger de la paresse, du découragement et du désespoir le menaçait toujours, et qu'il devait travailler sans relâche pour y échapper.(p.33)

Souvent Robinson en avait assez de tous ces travaux et de toutes ces obligations. Il se demandait à quoi et à qui cela servait, mais aussitôt il se souvenait des dangers de l'oisiveté, de la souille des pécaris où il risquait de retomber s'il cédait à la paresse, et il se remettait activement au travail.
(p.52)

En résumé, la paresse a des vertus multiples : elle est nécessaire à la méditation philosophique de l'intellectuel, au plaisir aristocratique du bien-né, à la simple jouissance de la vie revendiquée par l'homme primitif et même à l'économie capitaliste pour éviter la surproduction. Cependant, elle demeure un vice fondamental si elle détourne l'homme de l'effort et du travail, indispensables pour vivre pleinement.

Cercle Louis XVI. Club rhétorique. mai 2025

INDEX DES AUTEURS CITES :

(100 auteurs)

* nombre d'occurrences

TABLE DES MATIERES :

Édition : BoD · Books on Demand, 31 avenue Saint-Rémy,
57600 Forbach, bod@bod.fr
Impression : Libri Plureos GmbH, Friedensallee 273,
22763 Hamburg (Allemagne)
ISBN : 97-8-2322-65340-9
Dépôt légal : Juin 2025